Psicanálise com crianças

PSICANÁLISE PASSO-A-PASSO
Direção: Marco Antonio Coutinho Jorge

Ver lista de títulos no final do volume

Teresinha Costa

Psicanálise com crianças

5ª reimpressão

ZAHAR

Jorge Zahar Editor Ltda.
rua Marquês de S. Vicente 99 – 1º
22451-041 Rio de Janeiro, RJ
tel. (21) 2529-4750 / fax (21) 2529-4787
editora@zahar.com.br
www.zahar.com.br

Grafia atualizada respeitando o novo
Acordo Ortográfico da Língua Portuguesa

5ª reimpressão: 2017

Composição: TopTextos Edições Gráficas Ltda.
Capa: Sérgio Campante

CIP-Brasil. Catalogação na fonte
Sindicato Nacional dos Editores de Livros, RJ

Costa, Teresinha
C876p Psicanálise com crianças / Teresinha Costa. — Rio de Janeiro: Zahar, 2007.
(Passo-a-passo; v.75)

Inclui bibliografia
ISBN 978-85-7110-994-0

1. Psicanálise infantil. I. Título. II. Série.

CDD: 618.928917
10-1915 CDU: 159.964.2-053.2

Sumário

O conceito de infância 7

Os primórdios da psicanálise com crianças 13

Hermine von Hug-Hellmuth 20

Anna Freud 23

Melanie Klein 28

As grandes controvérsias 42

Donald Woods Winnicott 45

A contribuição de Jacques Lacan 58

Françoise Dolto 69

Quadro comparativo 76

Referências e fontes 78

Leituras recomendadas 84

Sobre o autor 86

O conceito de infância

Antes de começar a falar em psicanálise com crianças é necessário estudar o conceito de infância, historicizando como a criança foi pensada dentro da cultura ocidental desde a Antiguidade até hoje.

Houve um tempo em que não se tinha a concepção da infância tal como hoje a entendemos, ou seja, como um ser singular, com uma particularidade que a diferencia do adulto.

Em *História social da criança e da família*, Philippe Ariès faz um estudo na Europa, no período compreendido entre a Idade Média e o século XX, para demonstrar como a definição de criança se modificou no decorrer do tempo de acordo com parâmetros ideológicos. Pela análise de pinturas, diários, esculturas e vitrais produzidos na Europa no período anterior aos ideais da Revolução Francesa, Ariès forja a expressão "sentimento da infância" para designar "a consciência da particularidade infantil, essa particularidade que distingue essencialmente a criança do adulto". Esse sentimento vai aparecer a partir apenas do século XVII.

Na Idade Média, a criança era vista como um pequeno adulto, sem características que a diferenciassem, e desconsiderada como alguém merecedor de cuidados especiais. Isso não significava que as crianças fossem até então desprezadas ou negligenciadas, mas sim que não se tinha consciência de uma série de particularidades intelectuais, comportamentais e emocionais que passaram, então, a ser consideradas como inerentes ou até mesmo naturais às crianças. Ariès comenta, inclusive, que os pintores ocidentais reproduziam crianças vestidas como pequenos adultos, e que somente percebemos se tratar de uma criança devido ao seu tamanho reduzido. Nas sociedades agrárias, a infância era um período rapidamente superado e, tão logo a criança adquiria alguma independência, passava a participar da vida dos adultos e de seus trabalhos, jogos e festas.

Essa indiferença em relação às crianças era uma consequência do perfil demográfico da época. Os pais não se apegavam muito a seus filhos porque poucos sobreviviam. Portanto, a morte de uma criança não era sentida como uma perda irreparável e, muitas vezes, no campo principalmente, elas eram sepultadas no quintal da casa, como hoje se enterra um animal doméstico. Esse hábito, que foi conservado durante muito tempo no País Basco, por exemplo, pode indicar uma sobrevivência de ritos muito antigos ou, provavelmente, algo que aponta essa indiferença em relação às crianças.

Na Idade Média, a criança relacionava-se muito mais com a comunidade do que com os próprios pais. A aprendizagem e a socialização não eram realizadas pela família ou pela escola, mas por toda a comunidade.

No que se refere à expressão da sexualidade, até o século XVI os adultos divertiam-se com brincadeiras ou faziam alusões a assuntos sexuais na presença das crianças. Isso era visto como algo absolutamente natural devido a dois motivos: "Em primeiro lugar, porque acreditavam que a criança impúbere fosse alheia e indiferente à sexualidade e, em segundo, porque ainda não existia o sentimento de que as referências aos assuntos sexuais pudessem macular a inocência infantil."

Pode-se perceber que o sentimento da infância não existia para o homem medieval, ou melhor, predominava o que Ariès denomina "paparicação", ou seja, um tratamento superficial que dedicavam à criança enquanto ela ainda era um bebê engraçadinho.

A partir da Renascença, ocorre a privatização do espaço doméstico, uma diferenciação entre o espaço público e o privado, e a família se estabelece como um grupo coeso. A criança — concebida em sua particularidade — passa a ser vista como o centro do grupo familiar, e a infância considerada um período de preparação para o futuro. Segundo Ariès, o apego à infância e à sua singularidade não se exprimia mais pela distração e pela brincadeira, mas pelo interesse psicológico e preocupação moral.

A partir do século XVII, estendendo-se até o século XVIII, predomina a noção de uma inocência infantil que precisava ser preservada e a educação tornou-se uma preocupação constante das famílias, dos homens da lei e dos educadores. No entanto, cabe ressaltar que este sentimento moderno em relação à infância estava começando. Foram necessários ainda muitos anos para que ele se desenvolvesse.

Em *Um amor conquistado: o mito do amor materno*, Elisabeth Badinter assinala que, no século XVII, ainda considerava-se a criança como um estorvo para os pais. Essa posição teve origem no pensamento de santo Agostinho, para o qual a infância não tem nenhum valor e é o indício da corrupção dos adultos. A infância é uma época em que predomina a maldade da criança, antes de qualquer adestramento educativo e moral. Nesse sentido, cabe aos pais adotarem uma atitude rigorosa com seus filhos. Esse pensamento reinou durante muito tempo na história da pedagogia e foi responsável por uma atmosfera de frieza na família, e os pais, instruídos pelos pedagogos, passaram a adotar uma educação rígida em relação aos filhos para livrá-los de suas malignidades naturais.

Apesar de essa imagem negativa da infância não prevalecer entre o povo de um modo geral, Badinter ressalta que na França do século XVIII a criança ainda era considerada um encargo muito pesado. Os cuidados, a atenção e a fadiga que o recém-nascido representava no lar desagradavam aos pais. Portanto, generalizou-se o hábito de contratar amas de leite para amamentar os filhos. A escolha delas realizava-se sem nenhum critério, sendo que nas famílias com melhores condições financeiras a criança corria menos riscos de morte, pois as amas moravam na própria residência da família.

Gradativamente, esse sentimento modifica-se a partir do século XVIII, com o surgimento do discurso filosófico iluminista que vai inspirar toda a educação até o século XX, tanto na cidade como no campo, e na burguesia como no povo. Jean-Jacques Rousseau é um dos representantes desse momento. Ele irá colocar o sentimento no centro de sua visão do homem. Ao contrário de santo Agostinho, ele acreditava na bondade natural do homem. Para Rousseau, "não há perversidade original no coração humano". A criança nasce inocente, pura, e tem maneiras de pensar e sentir que são próprias à sua idade. Ele postulava que a educação da criança visava o desenvolvimento de suas potencialidades naturais e seu afastamento dos males sociais. A criança pode ser educada e não simplesmente instruída, já que a natureza humana é maleável e mutante. Em *Emílio*, Rousseau elabora um manual para educadores onde traça as linhas gerais que deveriam ser seguidas para que fossem formados bons adultos. Se não há perversidade original na criança, é a sociedade que a corrompe e, para impedir que isso aconteça, os educadores devem seguir os princípios por ele sugeridos.

Em Rousseau, o termo criança remete a essa etapa da vida na qual o *infans* — o infante, aquele que não fala — é desprovido de toda sexualidade, e foi essa ideia que se impôs no imaginário social. Seu pensamento, amplamente aceito entre os grandes pedagogos da Europa, contribuiu para mudar a mentalidade da sociedade em relação às crianças durante muitos anos.

Também é importante ressaltar que, no século XVII, a Igreja já se preocupava em afastar a criança de assuntos ligados ao sexo, apontando as inadequações que estas vivências traziam à formação do caráter e da moral dos indivíduos. Construíram escolas onde, além da preocupação básica com o ensino da religião e da moral, ensinavam-se habilidades como leitura, escrita, aritmética etc. Ariès afirma que

> o sentido da inocência infantil resultou, portanto, numa dupla atitude moral em relação à infância: preservá-la da sordidez da vida, e especialmente da sexualidade tolerada — quando não aprovada — entre os adultos; e fortalecê-la, desenvolvendo o caráter e a razão.

Com a ascensão do capitalismo e dos ideais da burguesia, os valores individuais ganham cada vez mais importância. A criança transforma-se num investimento lucrativo para o Estado, ela é vista como uma força de produção que traria lucros a longo prazo. Passa a ser valorizada a partir de um modelo pedagógico que visa educá-la com o objetivo de assegurar o futuro da civilização. Trata-se de preparar a criança para que a sociedade tenha homens bons e produtivos. É nesse momento que surge a escola como meio de educação das crianças, substituindo a aprendizagem informal, a partir do movimento de moralização promovido pelos reformadores católicos e protestantes ligados à Igreja, às leis e ao Estado.

Esse sentimento de responsabilidade pela formação da criança também passa para a vida familiar. A família começa a se ocupar de tudo que diga respeito à vida de seus filhos, desde as brincadeiras até a educação, incluindo um elemento novo que é a preocupação com a higiene e a saúde física. A criança assume então um lugar central dentro da família.

Já no século XIX e mesmo no século XX, observamos uma preocupação mais ampla e sistemática com o estudo da criança e a necessidade de uma educação mais formal. A pedagogia, a pediatria e as especializações em torno da criança desenvolvem-se rapidamente. O discurso psicológico destaca-se como aquele capaz de produzir um discurso científico sobre a infância no qual a pedagogia, cada vez mais, vai se ancorar para produzir práticas educativas e saneadoras. Esse caráter normatizador torna-se imperativo, principalmente na infância, que é a etapa da vida em que o desenvolvimento do caráter encontra-se em fase embrionária e, portanto, mais suscetível às influências externas.

Entendemos que o desenvolvimento das ciências proporcionou um estudo mais amplo sobre a criança, porém resultou na desqualificação da família como aquela que poderia gerir a educação dos filhos. Os pais tornaram-se submissos aos ditames da ciência, esta sim, capaz de instruí-los quanto à forma correta de conduzir a educação das crianças.

Portanto, dentro de uma perspectiva histórica, podemos observar que partimos de um momento no qual predominou um total desconhecimento da criança e que, no decorrer dos séculos, o discurso ideológico sobre a infância ressaltou a representação da criança marcada por uma natureza a ser corrigida pelo adulto, um ser assexuado, sem desejo próprio, imaturo. Essa ideia imperou por muito tempo e foi somente a partir das teorizações de Freud que tal concepção se modificou.

Os primórdios da psicanálise com crianças

Nesse momento histórico que acabamos de descrever, em que um novo olhar é dirigido à criança, surge a psicanálise com Freud. Embora tenha iniciado suas teorizações quando as ideias que vigoravam sobre a criança eram a de uma natureza infantil passível de ser moldada, seja pela educação ou pela psicologia, ele não se deixa capturar por elas.

A partir da escuta de suas pacientes histéricas, Freud desenvolveu inicialmente a teoria da sedução, encontrando a etiologia das neuroses dos adultos em experiências sexuais traumáticas ocorridas durante a infância. No entanto, os fracassos clínicos levaram-no a abandonar essa teoria. Reconhecendo que as cenas de sedução não teriam necessariamente ocorrido, Freud chega à conclusão de que os sintomas histéricos decorriam das fantasias impregnadas de desejo. Portanto, a *realidade psíquica* era a determinante, e não a realidade factual.

Esse foi um momento teórico muito importante no desenvolvimento da teoria psicanalítica, no qual o relevante não são mais os fatos da infância, mas a realidade psíquica, constituída pelos desejos inconscientes e pelas fantasias a ela vinculadas, tendo como pano de fundo a sexualidade infantil. Ocorre também uma modificação no conceito de infância, que deixa de ser vista a partir de um registro genético e cronológico para ser abordada pela lógica do inconsciente.

O efeito traumático está relacionado ao fato de a criança ser confrontada passivamente com a sexualidade do adulto. Através dos cuidados e do desejo maternos, a criança será introduzida no campo da sexualidade, pois é pelo contato com a mãe, ou um substituto, que o corpo do bebê será erogenizado.

A revolucionária posição freudiana só será apreendida, com todo o seu alcance, em *Três ensaios sobre a teoria da sexualidade*, quando Freud pôs em xeque as concepções moralizantes sobre a atividade sexual das crianças — algo que já estava acenado na correspondência com Fliess — em termos de uma teoria do *complexo de Édipo*, que só seria desenvolvida muito tempo depois. Sem sombra de dúvida, essa teoria é a elaboração freudiana de teses sobre a sexualidade infantil. Desse modo, Freud apresenta ao mundo uma nova criança, dotada de uma sexualidade *perverso-polimorfa*. Com o conceito de *pulsão* Freud vai nos mostrar que o corpo da criança é um corpo pulsional, corpo de desejo.

Em *Três ensaios sobre a teoria da sexualidade*, Freud ressalta as características da sexualidade infantil. A criança é um ser perverso-polimorfo, com pulsões parciais emanando de zonas erógenas que se constituem apoiando-se em funções vitais, ou seja, a sexualidade infantil é pré-genital — oral e anal — e as pulsões tendem isoladamente à satisfação autoerótica. O uso do próprio corpo como objeto de satisfação (por exemplo, sugar o polegar), derivado da impossibilidade de a criança dominar o mundo externo, confere à sexualidade infantil uma qualidade de autossuficiência. Haveria zonas erógenas predestinadas — as que se vinculam às fontes vitais —, porém, todo o corpo pode se comportar como uma zona erógena.

Com o conceito de pulsão, Freud demonstra que a criança usa uma parte de seu próprio corpo como fonte de prazer. Freud utiliza a amamentação do bebê para exemplificar a separação do instinto da pulsão. Se, em termos instintivos, a sucção do peito tem por finalidade a obtenção do alimento, a pulsão — apesar de se apoiar nessa função nutritiva — dela se afasta, na medida em que visa o prazer que foi experimentado pela excitação dos lábios e da língua, no contato com o peito no momento da primeira amamentação.

Logo, haverá sempre uma distância entre a satisfação almejada e a alcançada, e é essa distância que marcará o sujeito em sua eterna busca por um suposto objeto que poderá completá-lo.

A partir dessas considerações teóricas, perguntamos: quem é essa criança da psicanálise? Como se constitui? É possível uma psicanálise com crianças?

Vejamos o que pensavam os primeiros teóricos da prática clínica com crianças.

Assim como a psicanálise nasceu da medicina e depois da psiquiatria, a prática da psicanálise com crianças é herdeira da filosofia do Iluminismo. Na história da psicanálise, foi inicialmente às mulheres que coube o papel de analisar crianças. Isso porque, na época, não era permitido que elas ingressassem na universidade e seguissem uma carreira médica; essa era uma atribuição essencialmente masculina. Quando as mulheres adquiriam a maturidade, casavam ou iniciavam uma carreira nas escolas como professoras primárias. Logo, as primeiras mulheres que começaram a praticar a psicanálise encontraram no seu ambiente de trabalho, ou seja, nas escolas, um campo propício para a aplicação da teoria psicanalítica. Por outro lado, a formação pedagógica dessas analistas se fazia sentir na prática clínica com crianças.

Podemos considerar que a análise com crianças começa com o caso do *pequeno Hans*, publicado por Freud em 1909. A peculiaridade dessa análise é que ela foi realizada por Max Graf, pai do menino, sob a supervisão de Freud, que se encontrou com a criança apenas uma única vez.

Quando Freud propôs a análise dessa criança, o que ele pretendia era comprovar seus descobrimentos sobre a sexualidade infantil, conforme havia escrito em 1905, em seus *Três ensaios sobre a teoria da sexualidade.* Freud não acreditava que fosse possível analisar uma criança, mas a experiência com Hans fez com que ele mudasse de ideia. Esse caso singular foi um marco no desenvolvimento da psicanálise. Articulando as teorias sexuais infantis ao complexo de Édipo, Freud demonstrou que a realidade psíquica da criança se assemelha à do adulto em suas angústias, fantasias e desejos. O estudo da fobia de cavalo, no menino, comprovou os pontos de vista de Freud no tocante às fases regulares do desenvolvimento da criança. Esses pontos de vista tinham sido baseados, anteriormente, em reconstruções de eventos traumáticos na análise de adultos. O pequeno Hans proporcionou a primeira confirmação direta dessas reconstruções. Ao mesmo tempo, as reações favoráveis da criança às interpretações dadas pelo pai ilustraram as potencialidades do tratamento psicanalítico com crianças.

No caso do pequeno Hans, estabeleceram-se os três parâmetros indispensáveis para que uma análise seja possível, ou seja, a *demanda*, a *transferência* e a *interpretação*. Vejamos esses três pontos.

Como apareceu a *demanda*? No caso de uma análise com crianças, a demanda, normalmente, é formulada pelos pais ou pelos adultos responsáveis por ela. Foi o que aconteceu com o pequeno Hans, ou seja, tão logo ele apresentou os primeiros sintomas fóbicos, Max Graf, seu pai, procurou Freud solicitando ajuda para aliviar o sofrimento de seu filho. Logo, Max Graf endereça o sintoma de Hans a Freud supondo que este poderia curá-lo.

E a *transferência*? Como se manifestou? Embora Freud tenha reconhecido que uma análise não possa ser conduzida por um pai, ele irá ressaltar a necessidade — nos casos de crianças — da junção da "autoridade paterna com a autoridade médica". Cabe ressaltar que o desenvolvimento da psicanálise com crianças tem demonstrado que essa questão constitui um entrave. Mais adiante abordaremos esse ponto detidamente. No entanto, podemos adiantar que a filha de Freud, Anna, levou ao pé da letra a ideia do pai de que era preciso reunir a autoridade paterna e a do analista numa só pessoa ao tomar para si a tarefa de analisar e educar ao mesmo tempo. Ela própria, aliás, teve essa experiência em sua análise, na qual o pai e o psicanalista estiveram reunidos na figura de Freud.

Para Anna Freud, a ascendência familiar e a transmissão psicanalítica confundem-se e mesclam-se. Anna se transformaria na mulher que iria ocupar o lugar de companheira de Freud: enfermeira, parceira de viagens, interlocutora e, particularmente, psicanalista. Por fim, seria também guardiã e censora da obra do pai morto. Ambos dividiam a mesma sala de espera no seu trabalho clínico.

Voltando à questão do estabelecimento da transferência na análise de Hans, será que não poderíamos pensar que Freud ocupou o lugar de analista para Hans? O menino sabia muito bem que seu pai escrevia cartas para Freud ou, como ele mesmo dizia, para "o professor". Portanto, este era o referencial, "o Outro", ou, segundo Lacan, o *sujeito suposto saber.*

Finalmente, o terceiro parâmetro indispensável para que uma análise seja possível é a *interpretação.* Freud demonstrou que interpretar a fobia de cavalos como medo da retaliação paterna por causa dos desejos eróticos pela mãe possibilitou a cura da neurose.

Apesar de Freud ter estabelecido, a partir desse caso, as bases teóricas para a análise com crianças, levaria muito tempo para que ela se desenvolvesse. Faltava ainda um elemento fundamental na clínica com crianças: a descoberta do brinquedo como um recurso que o analista utiliza para ter acesso ao inconsciente infantil. Contudo, essa descoberta foi propiciada pelo próprio Freud, que, em 1908, no artigo "O poeta e o fantasiar", introduziu a ideia de que a brincadeira da criança corresponde à fantasia no adulto.

Sabemos que a psicanálise diz respeito ao sujeito, não importa se criança ou adulto, no entanto não podemos esquecer que a psicanálise com crianças tem uma especificidade em relação à clínica com adultos, já que a criança, por características comportamentais que lhe são próprias, não pode cumprir com a regra fundamental da análise, ou seja, a regra da *associação livre.* Em outras palavras, não podemos esperar que uma criança se deite no divã e fale sobre suas dificuldades durante 30 ou 40 minutos. Por outro lado, percebemos que, se deixarmos a criança livre, ela brinca com o que encontrar à sua frente, sendo esse o modo natural de se expressar.

Foi depois dessa constatação que, entre 1920 e 1940, ocorreu o verdadeiro nascimento e desenvolvimento da psicanálise com crianças, a partir das pesquisas das primeiras analistas: Hermine von Hug-Hellmuth, Anna Freud e Melanie Klein.

Abordaremos, de forma sucinta, o lugar que estas analistas ocuparam nos primórdios do movimento psicanalítico e as suas principais contribuições para a prática clínica com crianças. Cabe ressaltar que cada uma dessas teorias proporciona um modelo de trabalho decorrente do entendimento desses teóricos sobre o modo de o sujeito advir, ou seja, a prática clínica com crianças estará baseada em uma dada representação de criança.

Hermine von Hug-Hellmuth

Inicialmente professora primária, Hermine von Hug-Hellmuth nasceu em Viena. Mais tarde foi admitida na Universidade de Viena, porém não abandonou sua profissão de professora. Aos 36 anos iniciou uma análise com Isidor Sadger e, em 1913, tornou-se membro da Sociedade Psicológica das Quartas-Feiras. Teve um lugar de destaque nesse grupo e Freud confiou-lhe a seção dedicada à psicanálise com crianças na revista *Imago*. Até 1924, ano de sua morte, dirigiu um serviço psicanalítico de ajuda à educação em Viena, que a consagrou — juntamente com suas publicações e o grande respeito que Freud tinha pelo seu trabalho — como a pioneira da psicanálise com crianças.

Hermine von Hug-Hellmuth visitava as crianças em seus lares a fim de observá-las enquanto participavam de suas atividades lúdicas. Na análise com crianças utilizava jogos e desenho afirmando que com esse material as crianças elaboravam as situações difíceis e traumáticas. Em seu método, a interpretação do material inconsciente combinava-se com a influência pedagógica direta.

As observações de Hug-Hellmuth foram publicadas em 1921, com o título *On the technique of child-analysis.* Naquela época foram consideradas muito valiosas principalmente porque confirmavam os conceitos de Freud sobre a primeira infância. No entanto, Hug-Hellmuth desaprovava a ideia de analisar crianças muito pequenas — crianças que ainda não haviam passado pelo complexo de Édipo —, pois acreditava que nesses casos a análise, em razão de seu poder de mobilizar o recalque e ao fortalecer as tendências impulsivas da criança, poderia prejudicá-la. Também afirmava que o analista deveria contentar-se em obter êxitos apenas parciais e de contar também com recaídas.

Dos pontos destacados por Hermine von Hug-Hellmuth sobre a prática clínica com crianças, podemos reconhecer os antecedentes de algumas afirmações futuras de Anna Freud, conforme abordaremos adiante. Já Melanie Klein herdará somente a técnica lúdica dos brinquedos elaborando um modo bastante peculiar de entendê-la e de interpretá-la.

Também em 1921, Melanie Klein publicou o artigo "O desenvolvimento de uma criança", no qual expôs o caso de seu filho Fritz. Em tal ocasião, a autora fez referência aos trabalhos de Hug-Hellmuth discordando de seus pontos de vista, assim como também viria a discordar de Anna Freud. Desenvolveremos essas divergências a seguir.

É importante assinalar que na mesma época em que Hermine iniciava em Viena a prática psicanalítica com crianças, outros teóricos ligados à psicanálise, em diferentes cidades da Europa, também começavam a realizar esse tipo de tratamento. Na França, Sophie Morgenstern, ao lado de Eugénie Sokolnicka, foi uma das primeiras psicanalistas de crianças. Desenvolveu teses sobre o desenho, o brinquedo e a relação das crianças com os pais. Eugénie Sokolnicka trabalhou em Paris e, em 1920, publicou o artigo "A análise de um caso de neurose obsessiva infantil". Em Budapeste, Sandor Ferenczi, fundador da Sociedade Psicanalítica de Budapeste, foi um dos grandes clínicos da infância no início do século, tendo publicado, em 1913, o artigo "O pequeno homem-galo". Freud fez referência a esse caso ao escrever o livro *Totem e Tabu.*

Anna Freud

Nascida em 1895, em Viena, Anna Freud foi a sexta e última filha de Sigmund e Martha Freud, e a notícia de mais uma gravidez não foi bem aceita por seus pais. Anna Freud lutou por ser reconhecida no seio de uma família na qual só se esperava que os homens fossem talentosos. Na idade adulta, tentou se aproximar do pai entrando para o círculo de seus discípulos. No entanto, como estava impossibilitada de ingressar na universidade e estudar medicina, não lhe restou outra escolha senão tornar-se professora primária, profissão que exerceu durante os anos de 1914 e 1920, apesar de não estar convencida de que esta era realmente sua vocação. Sua grande paixão era a literatura, tendo grande admiração pelas obras de Rilke e de Schnitzler.

Desde muito cedo demonstrou interesse pela psicanálise e seu primeiro contato com o movimento psicanalítico deu-se em 1913. Naquela época não existiam escolas para formação de analistas e, enquanto trabalhava como professora primária, assistiu às conferências de "Introdução à psicanálise" ministradas por Freud no Hospital Psiquiátrico de Viena, durante os anos de 1914-15. Nessa ocasião, teve contato com jovens psiquiatras como Wilhelm Reich, Helen Deutsch e Heinz Hartmann, que também começavam a se interessar pela psicanálise. No outono de 1918, tornou-se analisanda de Freud uma vez que havia sido decretado no Congresso de Budapeste que a análise pessoal era uma precondição para tornar-se analista. Essa análise durou dois anos tendo retornado em 1922 e sido concluída em 1924.

Foi no campo da psicanálise com crianças que Anna Freud tornou-se reconhecida pelos seus trabalhos. Em 1927 publicou sua obra principal, *O tratamento psicanalítico das crianças*. Anna Freud recebeu influências de Hermine von Hug-Hellmuth e, nesse livro, expõe os princípios da análise infantil. Tal como sua mestra, Anna Freud recomendava ao analista de crianças desempenhar um papel ativamente pedagógico. Estudou o comportamento das crianças em jardins de infância. Observou que tipos de brinquedos eram mais utilizados nas diferentes etapas do desenvolvimento, e, aplicando conceitos psicanalíticos a essas observações, forneceu uma orientação prática às professoras.

Quanto ao tratamento psicanalítico, Anna Freud levantou algumas questões, diferenciando a análise de crianças da de adultos. Segundo ela, há uma impossibilidade de se estabelecer uma relação puramente analítica com uma criança em função de sua imaturidade e dependência do meio ambiente. A criança não tem consciência de sua doença, nem acha que tem um "problema" para resolver. Normalmente são seus pais que estão preocupados ou angustiados diante de suas dificuldades. Neste sentido, falta à criança o elemento fundamental para a entrada de um paciente em análise, que é o mal-estar em relação a seu sintoma e a necessidade de tratamento.

Para suprir essa dificuldade, Anna Freud propõe um período de preparação, de entrevistas preliminares, para produzir artificialmente uma demanda de análise, ou seja, conscientizar a criança de seu sofrimento e da necessidade de ser ajudada a se livrar de seu sintoma. Nessa etapa preliminar, ela tenta mostrar, por exemplo, que uma conduta rebelde por parte da criança é um problema, e que traz mais desvantagens do que vantagens, pois tal atitude poderia ter consequências como ser castigada. É necessário mostrar à criança que, na realidade, ela é muito infeliz, que sofre e há um desgaste excessivo em sua luta interna contra "seus demônios". Para cumprir com este objetivo, Anna Freud associava medidas pedagógicas aos meios analíticos, numa tentativa de conquistar a confiança da criança, facilitando seu engajamento no processo psicanalítico, ou seja, trabalhar sempre em transferência positiva. Explicava em que consistia a análise e tentava convencê-la, a partir de um lugar de saber, de autoridade, de compreensão e de aliada da criança.

Outros pontos abordados por Anna Freud foram: a criança não consegue associar livremente como o adulto; não estabelece uma neurose de transferência em função de sua ligação com os pais da realidade; e, se não houver uma colaboração dos pais com o analista, melhor será afastá-la dos pais temporariamente e colocá-la numa instituição onde possa ser analisada. Nas situações em que os pais maltratavam a criança Anna Freud colocava-se como sua aliada, contra os pais.

Anna Freud defende ainda uma outra tese que se refere ao destino dos produtos de uma análise. Se o tratamento psicanalítico com adultos visa a suspensão do recalque, ela acredita que a análise com crianças não se dá da mesma maneira, pois se as tendências pulsionais forem liberadas do recalque, a criança irá buscar sua satisfação imediata. Portanto, cabe ao analista a tarefa de controlar, além de decidir o que deve ser rejeitado, domado ou satisfeito, exercendo, assim, uma ação educativa. O analista deveria, portanto, analisar e educar. Para isso é necessário funcionar como eu auxiliar da criança, seduzindo-a inicialmente para ganhar a sua confiança e exercendo, a partir daí, uma autoridade ainda maior que a dos pais. Parece que se trata, para Anna Freud, de convencer o analisando de um dom de mestria do analista; de demonstrar que o analista efetivamente ocupa o *lugar do saber* e não, como propôs Lacan, o lugar do *sujeito suposto saber.*

O receio de Anna Freud de que a criança pudesse dar livre curso aos seus desejos não tem fundamento, porque o desejo inconsciente não se realiza, embora deva ser reconhecido, sendo esse o objetivo da análise. Em "Análise de uma fobia em um menino de cinco anos", Freud afirmou que "a análise substitui o recalque pelo juízo de condenação", ou seja, substitui o processo do recalque que é automático e excessivo, por um controle dosado e bem intencionado, efetuado por meio das mais altas faculdades mentais.

Em relação à transferência no tratamento psicanalítico com crianças, Anna Freud sustenta que a criança não estabelece uma neurose de transferência durante o processo analítico, porque a reedição das relações com os pais dentro da análise é impossível, já que a primeira edição ainda não foi esgotada. Em outras palavras, o fato de a criança estar, na realidade, vinculada a seus pais é um obstáculo para o deslocamento de suas relações afetivas com eles para o analista.

Anna Freud dirigiu seu interesse, predominantemente, no sentido da compreensão da personalidade das crianças tal como é revelada pelos padrões e conflitos reais do seu eu. No entanto nenhuma análise infantil é realizada sem o apoio dos pais — dado através de informes regulares sobre o comportamento da criança no lar e na escola. Esses informes não são empregados como os do pai do pequeno Hans foram usados — para interpretação direta —, mas como fonte de informação. Anna Freud compreende que esses relatos são, em certa medida, distorcidos pelos conflitos inconscientes dos pais; no entanto ela presume que os sintomas das crianças são determinados por esses conflitos, considerando os informes dos pais e o contato com eles duplamente valiosos. Logo, na análise com crianças, o que é levado em conta é o material recolhido no âmbito da família e não no da sessão. Daí a importância do trabalho constante com os pais e dessa troca contínua de informações.

O que Anna Freud propõe é uma análise pedagógica. No entanto, sabemos que esta não pode basear-se nos processos conscientes do eu que, conforme Freud já havia demonstrado, é a fonte das resistências. Ao contrário, o processo analítico tem que se apoiar no inconsciente, nas forças psíquicas recalcadas.

Parece que podemos atribuir a ela e aos seus colaboradores de Viena os desenvolvimentos teóricos posteriores que deram origem à tão conhecida psicologia do ego e à chamada "psicoterapia de orientação psicanalítica". Nessa abordagem, o analista tem uma função pedagógica e dirige-se ao eu do analisando a fim de fortalecê-lo.

Essa é uma das diferenças essenciais entre a posição analítica e a orientação pedagógica. A pedagógica dirige-se ao eu e procura fortalecê-lo, o que só pode aumentar a produção do recalque, enquanto a psicanálise apoia-se no inconsciente visando uma suspensão do mesmo. Cabe salientar que, ao longo dos anos, a experiência clínica fez com que Anna Freud modificasse sua técnica — principalmente no que se refere à fase introdutória à análise e quanto à idade das crianças para o início do tratamento, que foi reduzida do período de latência para dois anos.

Melanie Klein

Nascida em Viena, em 1882, Melanie Klein foi a quarta filha de um casal de judeus. Tinha 18 anos quando seu pai faleceu e as dificuldades econômicas que sucederam a impediram de seguir os estudos acadêmicos. Sua vida foi marcada pela perda de entes muito queridos: além do seu pai, sua irmã Sidonie morreu aos oito anos de idade, quando Melanie Klein tinha cinco anos. A partir daí, apegou-se fortemente a seu irmão mais velho, Emmanuel, que também morreu muito jovem, aos 25 anos de idade. Em 1903, casou-se com Arthur Klein e, em 1910, mudaram-se para Budapeste. Teve três filhos, Melitta, Hans e Erich Klein, todos analisados por ela. Melitta viria tornar-se psicanalista e membro da Sociedade Britânica de Psicanálise.

Klein interessou-se pela psicanálise depois da leitura de um texto de Freud, "Sobre os sonhos" e, em 1914, ano do nascimento de seu terceiro filho, iniciou uma análise com Ferenczi. Este a incentivou a analisar crianças, pois ele próprio defendia a análise de crianças, tendo apresentado, em 1913, um caso sobre um menino de cinco anos que sofria de uma fobia de galos e que ficou conhecido como o caso do *pequeno homem-galo.* Ferenczi atribuía o desenvolvimento da fobia ao fato de o menino projetar nesses animais o medo que sentia do pai, tal como aconteceu com o pequeno Hans.

Melanie Klein logo começou a participar das atividades da Sociedade Psicanalítica de Budapeste e, em 1919, apresentou seu primeiro caso clínico, que versava sobre a análise de seu filho Erich, a quem atribuiu o pseudônimo de Fritz. Alguns analistas presentes criticaram-na afirmando que, nesse caso, ela não havia levado em conta a existência do inconsciente. Melanie Klein responde a essas críticas dizendo que ela não estava analisando Fritz e que se tratava de uma "educação de caráter analítico", ou seja, baseando-se nas orientações de Ferenczi sobre os benefícios de uma educação guiada por uma concepção psicanalítica. E a sua intenção era a de proporcionar ao filho uma educação não coercitiva, promovendo o esclarecimento sexual da criança com o objetivo de possibilitar o desenvolvimento intelectual do menino. Melanie Klein partia do princípio, anteriormente estabelecido por Freud, de que a curiosidade sexual é que impulsiona o desejo de saber: é ela que faz da criança um verdadeiro pesquisador.

Sabemos que a educação psicanalítica realizada por Melanie Klein não livrou Erich da inibição intelectual. Assim, ao contrário do que vinha fazendo anteriormente, decidiu conduzir a análise do próprio filho segundo princípios estritamente psicanalíticos, ou seja, fundamentar sua prática no inconsciente da criança, valendo-se de interpretações do conteúdo inconsciente expresso no simbolismo dos sonhos e fantasias e no brinquedo.

À medida que as fantasias de Erich iam sendo liberadas, revelavam a verdadeira razão — inconsciente — de suas dificuldades. A partir dessa experiência, Melanie Klein não mais abandonará a sua tese de que é a vida fantasística que modela a realidade, e não o contrário, como propunha Ferenczi a respeito da educação analítica.

Por volta de 1920, a Hungria vivia o caos do pós-guerra, que tornava a vida da população bastante difícil. Arthur Klein partiu para a Suécia, aí se instalando. Melanie Klein muda-se para Berlim em 1921, com o objetivo de praticar a psicanálise com crianças por sugestão de Karl Abraham, a quem havia sido apresentada no Congresso de Psicanálise de Haia, em 1920. Torna-se membro-associado da Sociedade Psicanalítica de Berlim (SPB) e, em 1923, é eleita membro-titular. Inicia uma segunda análise com Abraham, de quem adotaria alguns conceitos para desenvolver sua própria teoria sobre a constituição do sujeito.

Melanie Klein fundou a técnica da análise pela atividade lúdica com crianças. Brincar — atividade natural das crianças — foi considerado por ela a expressão simbólica da fantasia inconsciente. Ela afirmou que pelas brincadeiras a criança traduz de modo simbólico suas fantasias, seus desejos e suas experiências vividas. O elemento organizador essencial do pensamento de Melanie Klein é a prevalência da fantasia e dos "objetos internos" sobre as experiências desenvolvidas no contato com a realidade externa.

A partir dessa constatação, ela conclui que a diferença que existe entre a análise de crianças e a de adultos reside no método e não em seus princípios básicos. Em outras palavras, a prática psicanalítica com crianças repousa sobre o mesmo corpo conceitual teórico no qual se apoia toda a teoria psicanalítica: o inconsciente, a transferência e a pulsão. Quanto ao método, Melanie Klein irá postular que o brincar é capaz de substituir as associações livres. Portanto, a partir de tais constatações teóricas, ela afirma que é possível analisar crianças. A prática clínica com crianças vai revelar-lhe as profundezas ainda secretas do mundo das fantasias inconscientes da mais tenra infância.

Em 1924, no VIII Congresso da Associação Psicanalítica Internacional (IPA) em Salzburgo, Melanie Klein apresenta uma comunicação sobre psicanálise com crianças, questionando certos aspectos do complexo de Édipo. Os postulados de Melanie Klein sobre a constituição do sujeito e sobre a prática clínica com crianças não foram bem aceitos por Freud.

Em 1926, Abraham morre e Melanie Klein decide mudar-se para Londres, pois já havia sido convidada por Ernest Jones a participar da Sociedade Britânica de Psicanálise (SBP). Ela aceitou o convite, deixando a SPB, na qual as ideias de Anna Freud sobre o tratamento de crianças eram mais bem aceitas.

Havia duas razões mais evidentes pelas quais a abordagem de Melanie Klein não era bem aceita na SPB: em primeiro lugar, ela considerava que o brincar correspondia à *associação livre*, na análise com adultos. A segunda razão era que ela interpretava a transferência negativa sem o habitual cultivo dos afetos positivos do paciente. Melanie Klein logo percebeu a intensa angústia que os sentimentos agressivos despertavam nas crianças e, caso não fossem interpretados, impossibilitavam a continuidade da análise.

No entanto, as divergências maiores ainda estavam por acontecer e, em 1927, durante o X Congresso Internacional em Innsbruck, Klein apresenta um artigo sobre "Os estádios precoces do conflito edipiano", no qual postula que, diferente do que Freud havia teorizado, o conflito edipiano tem origem muito mais cedo. Freud preconizava que o complexo de Édipo tinha início por volta dos cinco anos de idade, enquanto ela afirmava que isso se dava por volta dos seis meses de idade.

Em 6 de junho de 1927, Freud escreve a Ernest Jones que Anna Freud está certa quando sugere que o supereu da criança ainda se encontra sob a influência dos pais. Em outra carta a Jones, datada de 23 de setembro de 1927, critica Melanie Klein por privilegiar apenas a imagem inconsciente que a criança tem dos pais — baseada em suas fantasias e componentes pulsionais, em detrimento da importância dos pais da realidade.

Por mais que Ernest Jones tentasse convencer Freud de que a teoria desenvolvida por Melanie Klein não constituía um desvio da teoria psicanalítica clássica, Freud preferiu permanecer ao lado de sua filha, Anna Freud. A partir daí iniciaram-se as hostilidades entre a escola vienense e as teses kleinianas que, como veremos adiante, acabaram desembocando num episódio que se desenrolou em Londres, entre 1941 e 1944, e que se denominou *As grandes controvérsias.*

Melanie Klein, herdeira do pensamento de Abraham, iniciou seu trabalho clínico com crianças partindo do pressuposto de que a teoria psicanalítica poderia ser aplicada a crianças, fazendo apenas as modificações que não alterassem a essência da teoria e do processo psicanalítico. A análise com crianças permitiu não somente confirmar as deduções freudianas sobre a infância derivadas da análise com adultos, como também fez novas descobertas. Logo, chegou-se à conclusão de que o Édipo e o supereu existiam desde a mais tenra idade tendo suas raízes muito antes da segunda fase oral, o que aponta uma estruturação muito precoce do aparelho psíquico. Melanie Klein descobriu que a criança, ao contrário de não se relacionar emocionalmente com um objeto no início da vida, relaciona-se muito fortemente, embora, no começo, de forma não integrada. Logo, o bebê vai se relacionando com a mãe, ou melhor, com a parte da mãe na qual tem interesse no momento — o seio — como um objeto bom ou ideal, se estiver num estado de contentamento; ou pode sentir a mãe como perigosa e persecutória, se estiver se sentindo frustrado e com raiva. Os impulsos que a criança sentia em relação ao objeto eram projetados dentro deste, e o objeto era então, posteriormente, introjetado. Logo, ela considerava os mecanismos de projeção e introjeção básicos a todos os processos correlatos à construção do mundo interno de objetos, do eu e do supereu.

Outro ponto importante na sua formulação teórica refere-se ao conceito de *realidade*, ou seja, o bebê vem ao mundo com pulsões intensas e de tal violência que, ao utilizar os mecanismos de projeção e introjeção, ocorre uma distorção da realidade. Logo, na sua concepção, o bebê tem uma participação ativa na construção subjetiva da realidade. Isso pode ser exemplificado pelo bebê que, ao adormecer, faz barulhos com a boca como se estivesse sugando o seio, o que significa que, em sua fantasia, isso realmente está acontecendo, ou seja, ele está fantasiando o seio. Portanto, na concepção de Melanie Klein, toda pulsão tem como correlato uma fantasia de objeto que pode satisfazê-la. O bebê constitui a realidade interna e externa com base nas fantasias inconscientes.

O modo como Melanie Klein concebe a constituição psíquica do sujeito terá consequências na prática clínica. Para ela o campo de ação do psicanalista é o das fantasias inconscientes, o que a diferencia de qualquer abordagem pedagógica — lugar ocupado por Anna Freud — no sentido de não buscar conduzir a criança quanto às identificações valorizadas pelo analista, mas permitir que ela consiga atingir plena capacidade de expressão de suas potencialidades.

É importante ainda ressaltar que a ênfase de Melanie Klein recai sobre o mundo interno do bebê, que vai se constituindo desde o nascimento. Dessa forma ela abandona as formulações sobre o complexo de Édipo tal como haviam sido pensadas por Freud, em favor de uma estrutura anterior e muito mais determinante — a do vínculo que une a mãe ao filho. Logo, Melanie Klein vai focalizar esse mundo interno arcaico e sem limites do bebê com a mãe, no qual o pai não intervém.

Portanto na abordagem kleiniana a mãe ocupa um lugar central. Quer a criança seja alimentada no seio ou na mamadeira, o corpo da mãe é a origem do conforto, alimento e vida. Do destino da relação com esta figura desejada, invejada e extremamente poderosa depende o seu subsequente desenvolvimento.

Cabe aqui destacar que, se tomarmos como referência a tripartição lacaniana de *real*, *simbólico* e *imaginário*, fica patente na teorização de Melanie Klein a prevalência do registro imaginário. O que Lacan afirma é que a estruturação do sujeito se dá em função de uma ausência e não de uma presença. Em *O Seminário*, livro 4, *A relação de objeto*, Lacan deixa claro, a partir das teorizações de Freud sobre o *objeto perdido*, que a chave do problema do objeto é a *falta* de objeto. Portanto, os analistas kleinianos confundiram *das Ding*, o objeto radicalmente perdido, origem da falta estruturante do sujeito, e a mãe, "objeto ao qual o sujeito deverá renunciar em sua história edípica particular".

A partir de 1934, ocorre uma mudança significativa em seu ponto de vista teórico, com a formulação do conceito de *posição*. Este termo foi elaborado com o objetivo de pensar a constituição subjetiva não mais em termos de fases ou etapas do desenvolvimento, mas como um sistema integrado. Desta forma, Melanie Klein aproxima-se mais de uma perspectiva estrutural da concepção do sujeito. Destaca duas posições: a *posição esquizoparanoide* e a *posição depressiva*.

A posição esquizoparanoide vai do nascimento até os seis meses de vida, e apresenta, principalmente, as seguintes características: nela, o desenvolvimento do eu é determinado pelos processos de introjeção e projeção; a primeira relação objetal do bebê dá-se com o seio amado ou odiado — seio bom ou seio mau; os impulsos destrutivos e a angústia persecutória encontram-se no seu apogeu, assim como os processos de divisão, onipotência, idealização, negação e controle dos objetos internos e externos, dominantes nesse estágio.

Nesse momento de seu desenvolvimento, a criança ainda não tem a concepção de uma pessoa total: relaciona-se com objetos parciais, fundamentalmente o seio. Tampouco experimenta ambivalência, pois seu objeto está dividido em um objeto ideal e outro persecutório, e a angústia predominante nessa etapa é de índole persecutória: o temor de que os perseguidores invadam e destruam o *self* e o objeto ideal. A meta da criança consiste, portanto, em possuir o objeto ideal e identificar-se com ele, e também projetar e evitar os objetos maus e seu próprio impulso destrutivo.

Quanto à passagem para a posição seguinte — posição depressiva — a condição é de que haja predomínio das experiências boas sobre as más.

A posição depressiva inicia-se no segundo trimestre do primeiro ano e, nesse momento, ocorrem certas mudanças na vida psíquica do bebê que demonstram o gradativo desenvolvimento do eu. A relação do bebê com o mundo externo (pessoas e coisas) torna-se mais diferenciada, aumenta sua capacidade de expressar emoções e de se comunicar com as pessoas, e suas gratificações e interesses assumem um âmbito mais extenso. Simultaneamente, a sua organização sexual progride, os impulsos e desejos orais predominam, e as tendências uretral, anal e genital tomam vigor. Todos esses desenvolvimentos se fazem a partir da relação do bebê com a mãe, mas também com o pai e outras pessoas.

Nesse momento, o bebê reconhece a mãe como um objeto total, ou seja, a criança começa a reconhecer a mãe, não como um conjunto de partes anatômicas — seio, mãos, olhos — mas como uma pessoa total com existência própria e independente, fonte de suas experiências boas e más. A criança compreende pouco a pouco que é ela, uma mesma criança, que ama e odeia a mesma pessoa, sua mãe, e experimenta, então, *ambivalência*.

Esta mudança no estado de integração do eu e do objeto traz consigo uma modificação no conteúdo de suas angústias. Enquanto antes temia a destruição por parte de seus perseguidores, agora o bebê teme que a própria agressão destrua o objeto ambivalentemente amado. Sua angústia deixa de ser paranoide para ser depressiva. A criança fica exposta à experiência de que sua agressão destruiu a mãe, o que dá origem a sentimentos de culpa e luto, mas também à possibilidade de reparação da relação objetal.

Portanto, durante o desenvolvimento e a elaboração da posição depressiva, há um fortalecimento do eu pelo crescimento e pela assimilação de objetos bons, os quais são introjetados no eu e também no supereu.

Quanto ao complexo de Édipo, Melanie Klein irá datar os seus estágios iniciais no primeiro ano de vida. A travessia da posição esquizoparanoide e o estabelecimento, até certo ponto, da posição depressiva são cruciais para o aparecimento do complexo de Édipo. É somente a partir das experiências gratificantes com a mãe que a criança poderá remover as projeções que produziram, originalmente, uma percepção cindida dela, ou seja, uma mãe, por um lado, malvada, e, por outro, ideal. À medida que o bebê consegue reparar o mal que, em sua fantasia, fez à mãe, conseguindo, consequentemente, vê-la mais integrada, é quando se efetuará uma transição ao segundo objeto — ao pai. Isso ocorre na posição depressiva.

Assim como Melanie Klein postulou a constituição precoce da organização edipiana, também o supereu é constituído precocemente, quer dizer, na fase oral canibalesca. Nesse momento, impera um sadismo violento que, no entanto, possui uma importância fundamental na constituição do eu.

Para Freud o supereu é o herdeiro do complexo de Édipo e compreende a internalização das proibições parentais, enquanto para Melanie Klein o supereu precede o complexo de Édipo e promove o seu desenvolvimento. Ocorre uma distorção estrutural das imagos internas dos pais, ou seja, os objetos introjetados não coincidirão com os pais da realidade. O supereu primitivo caracteriza-se por sua extrema crueldade e autonomia em relação aos pais da realidade.

Logo, apesar de Melanie Klein afirmar que os desenvolvimentos teóricos por ela postulados seguem a teoria psicanalítica clássica, o que fica evidente é que ela localiza os processos de constituição da subjetividade muito mais cedo do que Freud havia teorizado.

O aspecto arcaico do supereu e a constituição precoce da organização edipiana parecem não ter sido reconhecidos por Freud. Conforme vimos anteriormente, ele apoiou sua filha, que defendia a tese de que o supereu infantil estaria sob a influência da educação parental até por volta dos 4-5 anos de idade. Cabe ressaltar que em 1923, em "O eu e o isso", Freud descreveu um supereu arcaico cujo nascimento deve-se à mais importante identificação do indivíduo, ou seja, a identificação com o pai da pré-história pessoal, com os pais combinados da cena primária, junto aos quais se perfila a figura do Pai da Horda Primitiva. Também em 1931, em *A sexualidade feminina*, ele fez alusão ao apego edipiano da menina à mãe, sugerindo que a relação mãe-filha é muito precoce e envolve uma ambivalência muito primitiva.

Logo, enquanto Freud procurava descobrir o infantil recalcado que existia no adulto, Melanie Klein, ao se interessar pela origem das psicoses e das relações arcaicas do bebê com a mãe, "foi a primeira a identificar na criança o que já estava recalcado, isto é, o bebê".

Portanto, o interesse de Melanie Klein centraliza-se em torno da vida de fantasia inconsciente da criança. Os anos da infância não são o paraíso que se imaginava e Klein revela uma outra dimensão da vida infantil, vida que surge inteiramente sob o signo da agressividade primária (sadismo) à qual Freud deu o nome de *pulsão de morte* em constante luta, desde a origem, com a *pulsão de vida*. Ela passará, portanto, a situar a oposição das pulsões no próprio centro de sua concepção dos primeiros conflitos infantis e das angústias ligadas a eles.

Em relação à prática clínica, seu principal instrumento é a interpretação, ou seja, as interpretações da ação da criança são dadas diretamente a ela, mesmo na primeira entrevista. Klein emprega uma abordagem interpretativa muito menos cautelosa do que Anna Freud, nomeando as angústias das crianças e trazendo à consciência suas fantasias edípicas. Isso porque supõe que o supereu da criança desenvolve-se antes da fase fálica, sob a primazia dos impulsos pré-genitais. O que a análise com crianças mostra é que, já aos três anos de idade, a parte mais importante do desenvolvimento psíquico está completa. A ação precoce das tendências edipianas que aparecem no desmame já estabeleceu uma distância entre a criança e seus primeiros objetos de amor; o *recalque* e a *culpa* encontram-se em ação, contribuindo para modificar e deformar a relação entre a criança e seus objetos, de tal maneira que "os objetos de amor atuais são *imagos* dos objetos originais".

Portanto, a função do analista é abrandar a severidade do supereu primitivo e não a de auxiliar o eu da criança a controlar os impulsos provenientes do *isso*. O supereu infantil não é, pois, uma simples cópia dos pais reais.

A consequência imediata desses pressupostos teóricos é que Melanie Klein coloca pouca ênfase na situação de realidade na qual vive a criança: ela, portanto, não necessita das informações dos pais, que lhe parecem distorcidas por seus próprios conflitos. Nesse sentido, no tratamento da criança, os pais deixam de ocupar o lugar de mensageiros da fala infantil.

Como vimos anteriormente, no século XIX, a sexualidade infantil, longe de ser negada, revelava-se através das formas de controle e vigilância exercidas pelos adultos sobre a criança. A sexualidade infantil representava uma ameaça que precisava ser controlada pelo social. O saber psicanalítico, com os conceitos de inconsciente e pulsão, rompe com todas as concepções que, até então, imperavam sobre a infância, pois é impossível domar a pulsão. No entanto, parece que Anna Freud, em sua prática clínica com crianças, não conseguiu desvincular-se totalmente de sua primeira formação como pedagoga.

Devemos a Melanie Klein o resgate do lugar da criança no discurso analítico. Ao sistematizar os princípios da teoria e da técnica psicanalítica com crianças, Melanie Klein rompeu definitivamente com a educação. Segundo ela:

> embora a psicologia e a pedagogia tenham sempre mantido a crença de que uma criança é um ser feliz e sem conflitos e tenham suposto que os sofrimentos dos adultos resultam dos encargos e das durezas da realidade, devemos afirmar que *justamente o oposto é verdadeiro*. O que aprendemos sobre a criança e sobre o adulto através da psicanálise é que todos os sofrimentos da vida ulterior são, em sua maior parte, repetições dos sofrimentos infantis, e que toda criança, nos primeiros anos da sua vida, passa por um grau incomensurável de sofrimento.

Portanto — fundamentando seu trabalho numa clínica do sujeito do inconsciente e privilegiando o mundo interno da criança —, Melanie Klein eleva a criança à plena condição de analisando.

As grandes controvérsias

Entre os anos de 1933 e 1939, após a destruição das sociedades psicanalíticas europeias pelo nazismo, a Sociedade Britânica de Psicanálise acolheu diversos psicanalistas que imigraram de outras partes da Europa, inclusive a família Freud. A partir de 1938, Anna Freud e Melanie Klein passaram a conviver sob o mesmo teto. No entanto, desde 1926, quando Anna Freud começou a publicar seus primeiros trabalhos, as divergências entre seus postulados e os de Melanie Klein, em relação à psicanálise com crianças, ficaram cada vez mais evidentes.

Embora tenha sido ressaltado por Max Eitingon — em 1927, por ocasião da primeira reunião da Comissão Internacional de Formação, em Innsbruck — que havia muita similaridade entre as sociedades de Berlim, Londres e Viena quanto aos procedimentos e princípios de formação adotados, "havia certas diferenças de ênfase ou de importância teórica na esfera da teoria psicanalítica". Logo, o que desencadeia a série de discussões científicas que ocorreram entre os anos 1941-45, *As grandes controvérsias*, foi o rumo que estavam tomando a formação dos analistas e os desenvolvimentos teóricos. Quanto a estes últimos, as divergências ficaram mais evidentes com a chegada da família Freud a Londres em 1938.

Durante esse período, os annafreudianos — que pretendiam ser os porta-vozes das ideias do fundador da psicanálise — opuseram-se aos kleinianos. Os primeiros defendiam um freudismo clássico, "centrado na primazia do patriarcado, no complexo de Édipo, nas defesas e na clivagem do eu, na neurose e numa prática da psicanálise de crianças ligada à pedagogia". Os kleinianos defendiam uma clínica baseada na relação de objeto, "centrada nas psicoses e nos distúrbios narcísicos, nos fenômenos de regressão, nas relações arcaicas e inconscientes com a mãe e na exploração do estádio pré-edipiano". Além desse grupo, começou a se formar uma outra tendência teórica, reunindo analistas da segunda geração inglesa, como Donald Woods Winnicott e John Bowlby, entre outros, e que constituíram o *Middle group*, ou *grupo dos independentes*, que aceitavam tanto o freudismo como o kleinismo, sendo, no entanto, menos dogmáticos.

Inicialmente, as hostilidades entre os grupos referiam-se às diferenças teóricas e técnicas relativas à psicanálise com crianças, no entanto logo as questões se tornariam políticas e diriam respeito à formação dos analistas. Mas os pontos de vista antagônicos não somente resultaram em ódios e intrigas como também impulsionaram a produção científica.

Quatro artigos — publicados somente em 1952, com o título *Progressos da psicanálise* — constituíram a base das discussões científicas e visavam esclarecer a posição de Melanie Klein e do seu grupo em relação à metapsicologia freudiana. Melanie Klein esperava que os trabalhos que ela, Susan Isaacs e Paula Heimann pretendiam apresentar acabariam de uma vez por todas com as acusações de heresia, ou seja, de que suas ideias se desviavam da teoria psicanalítica clássica e, além disso, confirmariam que ela era a grande renovadora do trabalho de Freud. Cada trabalho apresentado iniciava com os conceitos freudianos, como uma forma de apresentar ao público uma prova de que a nova teoria permanecia fiel à obra de Freud. Após a apresentação dos trabalhos, eles eram debatidos com todos os membros da Sociedade. No entanto, muitas vezes, as discussões resvalavam do campo científico para o campo subjetivo, com violentos ataques a Melanie Klein.

Em relação aos pontos de vista teóricos, resumidamente, podemos dizer que os adversários de Melanie Klein referiam-se aos textos de Freud dos anos de 1900-15, ou seja, aos textos da primeira tópica, enquanto os kleinianos enfatizavam a segunda tópica — sobretudo os desenvolvimentos teóricos elaborados por Freud após a introdução do conceito de *pulsão de morte*.

Essas discussões tiveram o mérito de permitir uma formulação mais rigorosa dos conceitos kleinianos, mas deixaram muitos ressentimentos, ocasionando também mudanças estruturais no seio da Sociedade Britânica de Psicanálise.

Em 1946, após intermináveis negociações, instituiu-se dentro da Sociedade Britânica de Psicanálise a formação de três grupos que iriam se responsabilizar pela formação dos analistas: os annafreudianos, os kleinianos e os independentes ou grupo do meio. Nesse grupo intermediário, destacou-se um outro psicanalista que estava se dedicando ao trabalho com crianças: Donald Woods Winnicott.

Edward Glover renunciou à presidência da Sociedade Britânica pois, em sua opinião, esta não era uma sociedade freudiana, e o reconhecimento oficial dos três grupos era uma forma velada de continuar iniciando os novos candidatos no regime kleiniano. Melitta, filha de Melanie Klein, foi juntamente com seu marido Walter Schmideberg a principal opositora durante todo o período das controvérsias, e emigrou para os Estados Unidos.

A evolução das controvérsias Freud-Klein comporta ainda muitos desdobramentos. Entretanto, os acontecimentos aqui descritos pontuam os aspectos que consideramos mais significativos desse momento histórico da Sociedade Britânica de Psicanálise. Importa enfatizar que esse acontecimento reproduz, de certa forma, a história do movimento psicanalítico internacional — desde a época de Freud com os primeiros dissidentes até hoje.

Donald Woods Winnicott

Baseando-se num extenso trabalho clínico com bebês e crianças, Donald Winnicott foi outro grande teórico da psicanálise que muito contribuiu para uma maior compreensão da constituição subjetiva. Formou-se em medicina, tendo se dedicado à pediatria, e, por volta de 1935, tornou-se psicanalista, membro da Sociedade Britânica de Psicanálise. Nesses primeiros tempos, pediatria e psicanálise constituíram dois campos de práticas totalmente distintas. No entanto, sua análise pessoal assim como seu interesse cada vez maior pelos descobrimentos psicanalíticos acabaram imprimindo ao seu trabalho como pediatra um viés muito particular, ou seja, Winnicott passou a reconhecer a importância do meio emocional da criança no desenvolvimento das doenças físicas.

James Strachey, seu primeiro analista, aconselhou-o a entrar em contato com Melanie Klein e, desde o início, Winnicott percebeu que com ela poderia aprender muito sobre as angústias próprias da primeira infância. Assim, ele passava, da noite para o dia, "de pioneiro numa matéria a discípulo de alguém que também o era na sua".

No entanto, essa assimetria parece não ter existido para Melanie Klein, pois logo lhe solicitou que analisasse seu filho Erich, o mesmo que, quando criança, ela havia tratado em Budapeste no início de sua prática clínica. Erich estava, agora, com 20 anos. Por sua vez, Winnicott havia expressado o desejo de ser analisado por Melanie Klein, uma vez que sua análise com Strachey havia chegado ao fim. Ao aceitar ser analista de Erich, Winnicott renunciou a ser analisando de Melanie Klein.

Durante os cinco anos, de 1935 a 1940, que durou a análise de Erich, Winnicott também supervisionou seus casos com Melanie Klein. Aliás, ela também se ofereceu para supervisionar o caso de seu filho, porém Winnicott declinou da sugestão.

Esse período de trabalho conjunto — o tempo dos grandes conflitos na Sociedade Britânica de Psicanálise —

inaugurou uma complexa relação entre os dois, que incluiu amizade, admiração, respeito mútuo, mas também recriminações e demandas recíprocas.

Ao final da década de 1930, Winnicott inicia uma análise com Joan Rivière que era uma grande defensora do pensamento de Melanie Klein. Desde o Congresso de Salzburgo, em 1924, ela havia sido uma das participantes que mais questionava a posição de Anna Freud. A partir desta análise, Winnicott começa a ter uma posição de destaque dentro do grupo kleiniano, mas com a chegada da família Freud em Londres e as disputas que se instauraram entre os kleinianos e annafreudianos, ele começou a tomar um rumo independente de ambas.

Por ocasião das célebres controvérsias, contrariamente a Anna Freud e Melanie Klein, que tinham pretensão de fundar uma escola, o *Middle group* ou grupo dos independentes, do qual Winnicott passou a fazer parte, caracterizou-se, desde o início, por sua independência diante das teorias e da prática clínica defendidas por essas duas teóricas. Apesar de ter sofrido forte influência das teorias de Melanie Klein em sua formação, Winnicott optou por seguir seu próprio caminho, elaborando seus principais conceitos teóricos baseado na sua experiência clínica.

Winnicott tornou-se uma pessoa muito conhecida e seu nome adquiriu um grande prestígio. Proferiu conferências dirigidas aos pais, professores, médicos e a todos que precisavam compreender as dificuldades das crianças ou dos adultos à sua volta. Escreveu numerosos artigos dirigidos ao grande público, nos quais, além de transmitir sua vasta experiência em pediatria, também encarregava-se de difundir conhecimentos psicanalíticos, que simplificava sem distorcer, para torná-los acessíveis ao maior número possível de pessoas.

Ao contrário de Melanie Klein, que enfatizou os fenômenos de estruturação interna da subjetividade, Winnicott irá ressaltar a dependência do sujeito em relação ao ambiente. Quanto à psicose, defende a tese de que é o fracasso da ligação materna que será a causa desse distúrbio.

Cabe ressaltar que nesse momento da teorização de Winnicott, que corresponde ao período posterior à Segunda Guerra Mundial, a atenção dos psicanalistas esteva centrada nas mães. Isto porque John Bowlby — psicanalista membro da Sociedade Britânica de Psicanálise — fez um relatório, enviado à Organização Mundial de Saúde, no qual sustentava que a doença mental tinha como causa as perturbações relativas aos cuidados que as mães dispensavam à criança. Esse pensamento acabou dominando o meio psicanalítico durante um grande período.

Ao longo de sua obra, Winnicott vai destacar a influência do meio ambiente no desenvolvimento psíquico infantil. O ambiente é sinônimo de cuidados maternos, ou seja, é a mãe, ou algum substituto desta, que irá favorecer ou dificultar o desenrolar desse processo. É por intermédio de seus cuidados e da capacidade que a mãe tem de se adaptar às necessidades do bebê que ele passa a conhecer o mundo. A expressão "mãe suficientemente boa" foi cunhada por ele para designar exatamente essa função. Se a mãe estiver incapacitada de cuidar do bebê ou se estiver ausente ou, pelo contrário, se for demasiadamente intrusiva, a criança pode ter tendências à depressão, ou a condutas antissociais, como o roubo.

Apesar da importância que Winnicott atribuiu à mãe no desenvolvimento psíquico do bebê, ele também enfatizou que o pai é "necessário para dar à mãe um apoio moral, para sustentá-la em sua autoridade, para ser a encarnação da lei e da ordem que a mãe introduz na vida da criança".

Desta maneira, Winnicott restabelece um equilíbrio entre os polos materno e paterno, recusando, conforme assinala Roudinesco, "o maniqueísmo da onipotência, boa ou má, do materno 'internalizado' em prol da ideia de uma partilha da autoridade simbólica".

Ao descrever o desenvolvimento psíquico do bebê, Winnicott parte de sua total dependência em relação ao meio ambiente para explicar como, gradualmente, ele consegue se desvincular da dependência desse ambiente, ou seja, da mãe ou de seu substituto. Estabelece os seguintes estágios sucessivos.

A fase inicial, que vai do nascimento até os seis meses, na qual a criança encontra-se num estado de *dependência absoluta* em relação ao meio. O bebê depende inteiramente do mundo que lhe é oferecido pela mãe, mas o que é mais significativo nesse momento é que ele desconhece este estado de dependência, já que, em sua mente, ele e o meio não se diferenciam.

A segunda fase da vida do bebê, que vai dos seis meses aos dois anos, é um estado de *dependência relativa.* Nessa fase, a criança descobre, aos poucos, que ela e sua mãe são separadas, que suas fantasias não correspondem à realidade e que depende de sua mãe para a satisfação de suas necessidades. Aos poucos, a mãe também se desliga de um estado de identificação com o filho, que fora intenso na primeira fase. Para Winnicott a "mãe suficientemente boa" é aquela que faz uma adaptação ativa às necessidades do bebê, uma adaptação que vai diminuindo à medida que o bebê se torna capaz de suportar as falhas nesse processo e tolerar a frustração. Nessa etapa, a mãe retoma suas atividades pessoais e profissionais introduzindo, com isso, "falhas de adaptação" moderadas frente à criança.

Portanto, inicialmente, para o bebê não existe diferenciação *eu-objeto*. O seio faz parte do bebê assim como o bebê faz parte da mãe. Winnicott afirma que a mãe, ao adaptar-se às necessidades do filho, permite que ele tenha a *ilusão* de que o seio faz parte dele, que foi criado por ele. O bebê adquire a capacidade de *alucinar* um objeto e isto se dá porque, nesse momento, não há para ele exterioridade.

Entretanto, para que o bebê possa passar do que é subjetivamente concebido ao que é objetivamente percebido, ele necessita de uma área intermediária entre a realidade externa e a interna que lhe permita suportar a angústia de separação. Winnicott ressalta a importância, na primeira infância, dessa região intermediária para que o bebê inicie um relacionamento com o mundo. É pela elaboração do conceito de *objeto e fenômenos transicionais* que Winnicott formalizará como se dá essa passagem.

Masud Khan observa que, desde 1941, Winnicott já havia começado a tecer elaborações sobre essa área de experiência do bebê. No artigo desse ano, intitulado "A observação de bebês numa situação padronizada", Winnicott relata uma experiência realizada com bebês entre cinco e 13 meses de idade, na qual ele utiliza uma espátula reluzente, objeto que é colocado ao alcance do bebê para que ele possa tocá-lo, sem o auxílio da mãe. Ele descreve essa experiência em três momentos.

No primeiro momento, o bebê estende a mão para a espátula, mas, logo a seguir, entra num dilema: "Ou ele pousa sua mão sobre a espátula com os olhos bem abertos, olha para mim e para a sua mãe, observa e espera, ou, então, em certos casos, retira completamente seu interesse e enterra a cara na blusa da sua mãe". Winnicott descreve esse momento como *período de hesitação.*

No segundo momento, os sentimentos do bebê crescem e a situação logo se modifica. A aceitação do seu desejo pela espátula torna-se evidente e isso é percebido pelas transformações no interior de sua boca, que se torna flácida e com produção intensa de saliva. Há uma mudança marcante no comportamento do bebê que, agora, "parece sentir que a espátula está em sua posse, talvez em seu poder, e certamente disponível para propósitos de autoexpressão". Esse fato está associado ao *momento de ilusão* que descrevemos acima — quando o bebê concebe o seio como uma criação sua.

No terceiro momento, o bebê deixa cair a espátula para que lhe seja restituída. Se isso acontece, manifesta grande satisfação e, posteriormente, quando ela lhe é devolvida, ele a joga propositalmente no chão de forma agressiva. A fase termina quando o bebê deseja descer para o chão para brincar com a espátula.

Revela-se aí o sinal de que a criança já está capacitada para usar objetos e percebê-los como parte da realidade externa. Podemos considerar a espátula, nesse último momento, como um representante do *objeto transicional*. Assim se constitui o espaço transicional, o espaço de jogo entre a criança e o mundo. É uma etapa importante porque é deste modo que ela toma seu lugar na família.

Winnicott vê isso como uma extensão do jogo do carretel de Freud. A criança pode dominar a situação de separação de sua mãe. Ao fazer o objeto cair no chão, é também o bebê que cai do corpo de sua mãe: é a queda da criança identificando-se com o objeto.

Winnicott ressalta que estas atividades só se tornarão possíveis se houver uma maternagem suficientemente boa. A mãe identifica-se com o bebê e adapta-se às suas necessidades, permitindo que ele possa experimentar uma sensação de continuidade da vida e se desenvolver física e psiquicamente de acordo com suas tendências inatas. Esta continuidade de cuidados — que corresponde à noção de *holding* ou sustentação psíquica — consiste em permitir que o ego infantil encontre pontos de referência estáveis e simples, mas fundamentais para que ele possa se integrar no tempo e no espaço.

Existe um paradoxo no próprio conceito de objeto transicional, ou seja, ele não é um objeto interno (o seio magicamente introjetado), nem é um objeto externo (seio materno) — é uma posse e Winnicott a denomina de *primeira posse não-eu*. Winnicott afirma que "essa primeira posse relaciona-se retroativamente aos fenômenos autoeróticos e ao hábito de chupar o punho e o polegar, e também prospectivamente ao primeiro bichinho macio ou boneca ou brinquedo". O objeto transicional "relaciona-se tanto aos objetos externos quanto internos, mas difere de ambos". Portanto, o objeto não consiste na coisa em si que o bebê manipula, mas como ele o utiliza.

Winnicott descreve as qualidades especiais do relacionamento do bebê com o objeto transicional, no entanto sua preocupação reside em demonstrar que a grande diversidade de fenômenos e objetos transicionais nos indica que não devemos nos fixar no objeto em si, mas na *função* que esses fenômenos e objetos ocupam na vida psíquica do bebê. Portanto o espaço transicional diz respeito ao *lugar* no qual podem ser encontrados os objetos e fenômenos transicionais, ou seja, designa a possibilidade de vir a existir um *espaço* onde antes não existia nenhum, um espaço diferente, onde antes havia uma continuidade, uma "fusão" entre o bebê e a mãe. Esse espaço passa a existir quando surge um objeto transicional e, nesse momento, ele é chamado de *espaço transicional*.

Mais tarde, em 1967, no artigo "A localização da experiência cultural", ao trabalhar o lugar que a brincadeira ocupa no desenvolvimento psíquico do bebê, Winnicott vai conceituar esse espaço como *espaço potencial*. O espaço potencial designa o lugar no qual o objeto transicional é produzido, e que deve permanecer sempre potencial para que nele sejam produzidos objetos transicionais, que permitam à criança suportar a falta materna. Somente se o espaço potencial existir, o bebê pode ser capaz de sobreviver sem os cuidados maternos. Se a mãe não fornece um *holding*, se ocorre uma quebra na continuidade dos cuidados maternos, o espaço potencial deixa de ser produzido como tal. Nesse caso, é criada uma área de falta que prejudica a continuidade das experiências do bebê. Portanto, a mãe deve prover, dar capacidade para o bebê primeiramente sentir o objeto como subjetivo e posteriormente usar o objeto. Esse espaço será o lugar do jogo e do sonho, o lugar da análise, da transferência e o lugar da fantasia.

Portanto, os objetos e fenômenos transicionais são constituídos quando há uma ameaça de ruptura na continuidade dos cuidados maternos. Nesse momento, o objeto transicional permite à criança suportar a separação, restabelecendo a continuidade ameaçada de ruptura.

O conceito de objeto transicional é de grande importância na constituição da subjetividade, pois é a partir daí que o bebê adquire um sentimento de *self*. É também a partir dos objetos e fenômenos transicionais que se dá o reconhecimento objetivo da realidade.

Nesse ponto gostaríamos de ressaltar que, ao contrário da maioria dos psicanalistas ingleses, Winnicott tinha conhecimento dos desenvolvimentos psicanalíticos postulados por Lacan e mantinha com ele uma relação epistolar. Winnicott, ao escrever o artigo "O papel de espelho da mãe e da família no desenvolvimento da criança", inspira-se no conceito de Lacan de *estádio do espelho.* Por outro lado, sabemos que Lacan, por sua vez, irá se basear no conceito de objeto transicional, para teorizar o objeto *a.*

Não iremos nos deter na teorização lacaniana sobre o objeto *a*, mas é pertinente destacar algumas observações. Criticando a noção de relação de objeto, Lacan estuda a *falta de objeto* afirmando que não podemos prescindir dessa noção como elemento central. Se Freud descreveu a importância do objeto primordial como modelo do *objeto perdido* na *experiência de satisfação* da criança no seio da mãe, em Lacan o objeto *a* nomeia a falta constituída a partir de uma perda que é propulsora da constituição subjetiva. A letra *a* designa essa falta que não pode ser representada.

Portanto, no que se refere à constituição da subjetividade, Lacan postula que a falta, que é causada por uma perda primordial, é estabelecida entre o eu e o Outro desde o momento inaugural do psiquismo, sendo o objeto *a* o índice dessa falta. Já Winnicott acredita que essa lacuna vai sendo constituída no decorrer do desenvolvimento do bebê, ou seja, inicialmente ele encontra-se fundido com a mãe e o processo de separação efetua-se de maneira gradual. Os objetos transicionais representam este elo entre a criança e a mãe num momento de ilusão, mas também sustentam a falta, permitindo que a criança suporte a desilusão e perceba a incompletude do Outro.

Para Winnicott, mesmo se o objeto transicional corresponde a uma falha da mãe diante do apelo da criança, sua função é impedir a emergência da angústia e da interrogação sobre o desejo do Outro. Ao contrário do objeto transicional de Winnicott, o objeto *a*, em Lacan, em vez de acalmar a angústia, emerge com ela e introduz essa questão do desejo do Outro, constituindo a resposta, na fantasia inconsciente, a este desejo. Assim, diante da angústia provocada pelo desejo do Outro — desejo enigmático — o objeto transicional tem a função de apaziguar a angústia. Daí seu efeito tranquilizante e reconfortante, pois sabemos que o objeto permite à criança adormecer tranquila. Em consequência, enquanto o objeto transicional se apresenta como o que supre a *falta-a-ser* do sujeito, o objeto *a* é o índice dessa falta.

A concepção de Winnicott sobre a constituição subjetiva terá efeitos na prática clínica. Ele propôs uma nova abordagem, concernente aos pacientes que, em sua primeira infância, haviam se deparado com um ambiente que fracassara na adaptação às suas necessidades. Nesses casos, o lugar do analista deverá ser similar à situação em que a mãe exerce a função de *holding*, ou seja, de continente para as necessidades de seu paciente. O analista deverá permitir o estabelecimento de uma relação íntima e compartilhada entre dois psiquismos, dependendo do nível de estruturação psíquica do sujeito.

No atendimento psicanalítico com crianças, Winnicott não se preocupava com a demanda de análise, estabelecimento de um diagnóstico, nem mesmo com a interpretação. Ele buscava estabelecer uma comunicação com a criança, um encontro "espontâneo". Também não recomendava a análise para todas as crianças que apresentavam sintomas. Valorizava o encontro, muitas vezes único, da criança e do analista para descobrir o conflito que ocasionou a busca por análise. Em certas situações, o sintoma representa a melhor forma que a criança encontra para lidar com as dificuldades que a vida lhe apresenta e, nesse sentido, a consulta a um analista pode ajudá-la a se conectar com o ponto em que ficou detida. Posteriormente, suas próprias experiências de vida se encarregarão de fazê-la desvencilhar-se de suas dificuldades.

Winnicott estabelece uma diferenciação entre psicoterapia e psicanálise baseando-se nos critérios padronizados pela Associação Psicanalítica Internacional sobre o número de sessões. O atendimento realizado uma ou duas vezes por semana não era considerado psicanálise. No entanto, afirmava que esse trabalho somente poderia ser realizado por um psicanalista.

Em relação à técnica de análise com crianças, preferia desenhar *com* a criança, fazendo-lhe perguntas e sugestões de modo a despertar o seu interesse em falar de coisas que, normalmente, não falaria com outras pessoas.

Winnicott, assim como Anna Freud e Melanie Klein, estabelece, na direção do tratamento, uma relação dual, imaginária, onde a análise supõe um encontro e algo a oferecer. Para Lacan há falta de objeto desde o início, e a demanda dirige-se ao Outro da linguagem, no qual a necessidade está perdida. Portanto, o analista não se oferece como um objeto a ser reencontrado, mas sim se coloca com sua *falta-a-ser*.

A contribuição de Jacques Lacan

O percurso que acabamos de acompanhar veio nos mostrar que a psicanálise com crianças, iniciada com Anna Freud e Melanie Klein, estava tornando-se uma espécie de "psicologia adaptativa" do sujeito e era necessário diferenciar o campo da psicologia do campo psicanalítico.

Na verdade, a radicalidade das teses freudianas só vai emergir, em todo seu alcance, a partir da releitura de Freud proposta por Jacques Lacan. Ele pretendia resgatar a cientificidade da psicanálise, ou seja, resgatar de maneira nova a questão do *sujeito do inconsciente*. Para isso recorreu aos conceitos da linguística estrutural de Saussure, mas também se apoiou em outros saberes como a lógica e a topologia, utilizando-os como ferramenta de trabalho. No decorrer de todo o seu ensino, dedicou-se à formalização da psicanálise.

É importante ressaltar que Lacan, em seu retorno a Freud, em que parte da linguística estrutural de Saussure, irá também repensar os pressupostos saussurianos, uma vez que este não leva em conta o sujeito. Embora utilize os termos significante e significado, Lacan inverte a ordem formulada por Saussure e privilegia o significante, além de afirmar que não há relação entre o significante e o significado, que "são ordens distintas e separadas inicialmente por uma barreira resistente à significação".

Na abordagem saussuriana a linguagem preexiste ao sujeito, e é a partir dessa concepção que Lacan afirma que, nessa precedência, "a linguagem determinará que o sujeito se torne seu servo". Isso significa que, desde que a criança vem ao mundo, ou melhor, antes mesmo de nascer, ela está mergulhada em um banho de linguagem, ou seja, há um discurso que a precede.

É nos anos 1950 que Lacan começa a desenvolver a argumentação de que o campo do inconsciente é o campo da linguagem, ou, como ele afirmou, "o inconsciente está estruturado como a linguagem". Nesse momento, ele estava preocupado em apontar os desvios que a psicanálise da época teria feito em relação à obra de Freud. Em *Função e campo da fala e da linguagem em psicanálise*, afirma que Anna Freud e Melanie Klein desconsideraram a dimensão simbólica do sujeito e reduziram a direção do tratamento a uma relação dual, imaginária.

Mais tarde, em *A direção do tratamento e os princípios de seu poder*, Lacan volta novamente a abordar essa questão e denomina de *pirâmide de heresias* as correntes da psicanálise que privilegiaram essas abordagens.

Na *abordagem geneticista* dos psicanalistas do eu, que tinham em Anna Freud sua principal representante, o analista coloca-se no manejo da transferência como aquele que detém um saber, cabendo-lhe decidir o que é melhor para a criança, mantendo-a presa ao analista, que opera a partir do discurso do mestre.

Em outro vértice da pirâmide, cujo principal expoente foi Melanie Klein, Lacan situou os analistas da *relação de objeto*. Melanie Klein privilegiou os aspectos imaginários da fantasia inconsciente e situou a pessoa do analista como parte dela. Para Lacan, isto conduziria a análise a uma pura ficção imaginária, cujo final consistiria na identificação do sujeito com o analista.

Lacan vai insistir na função do simbólico no tratamento, visando destruir a ilusão de reciprocidade. Segundo ele, "cabe formular uma ética que integre as conquistas freudianas sobre o desejo: para colocar em seu vértice a questão do desejo do analista".

A respeito do desenvolvimento da psicanálise com crianças, sabemos por Elisabeth Roudinesco que, na França dos anos 1940, os trabalhos de Melanie Klein e Anna Freud não eram muito conhecidos. Na realidade, as grandes correntes do freudismo internacional, tais como a *ego-psychology*, o *kleinismo*, o *annafreudismo* e a *self-psychology*, não se implantaram por lá. Foi o lacanismo que dividiu o campo psicanalítico francês em dois polos: os não lacanianos, muitas vezes chamados de "freudianos ortodoxos", de um lado, e os lacanianos, do outro.

A divisão do freudismo foi acentuada pela presença de Françoise Dolto, pioneira da psicanálise de crianças na França. Ali, a clínica psicanalítica infantil foi marcada por duas fortes tradições: a primeira, ligada à psiquiatria hospitalar e à Sociedade Psicanalítica de Paris (SPP), foi conduzida por Serge Lebovici e René Diatkine; e a segunda forjou-se a partir da herança das grandes pioneiras Eugénie Sokolnicka e Sophie Morgenstern. A princípio foi representada por Françoise Dolto e, mais tarde, por Jenny Aubry, Ginette Raimbault e Maud Mannoni, todas quatro ligadas a Jacques Lacan e à Escola Freudiana de Paris (EFP).

Lacan não analisou crianças, diferentemente de Françoise Dolto. Esta o acompanhou nas cisões das sociedades psicanalíticas e pertenceu à Escola Freudiana de Paris (1963). Teoricamente, esteve mais próxima das teses de Lacan dos anos de 1940-60 do que dos anos posteriores. Suas ideias encontram as de Lacan em vários pontos, mas também se distanciam em outros. Conceitos ou categorias que recebem a mesma denominação na obra de Lacan e de Dolto induzem, muitas vezes, à confusão, pois nem sempre referem-se a uma mesma ideia. Podemos destacar, por exemplo, os termos *desejo*, *castração* e *sujeito* com acepções diversas nas duas obras.

No entanto, o que aproximou Françoise Dolto de Lacan foi, acima de tudo, a primazia que ambos atribuíam à linguagem e à função simbólica, diferenciando-se nesse aspecto da corrente genética em psicanálise, centrada numa sucessão de relações objetais e estádios. Porém aqui também as acepções atribuídas à linguagem não são as mesmas para ambos. Para Dolto, a especificidade do ser humano como ser linguajeiro significava que tudo é linguagem, comunicação. A fala, que é especificamente humana, constitui uma das expressões da linguagem. Lacan, por sua vez, diferencia as duas nitidamente e não lhes confere o mesmo estatuto, pois, segundo ele, a função de comunicação, cujo princípio é a *intersubjetividade*, é secundária diante de outra função da língua que é a evocação. Vejamos como Lacan aborda essa questão.

Todos os seres humanos comunicam-se pela linguagem, no entanto ela não se reduz à comunicação. Para exemplificar essa diferença, Lacan nos diz que a sua cadela Justine pode dirigir-se a ele, porém falta-lhe a linguagem, assim como acontece com todos os nossos animais domésticos. Para fazer uso da linguagem é necessário ser sujeito.

Podemos tentar entender melhor esta questão a partir da tripartição lacaniana de *RSI — Real, Simbólico, Imaginário*. O imaginário do animal é pleno, sem brechas, o animal já nasce com um saber sobre a sexualidade, mas falta-lhe o inconsciente, furo real no imaginário que o simbólico não consegue de todo suprir. Ao contrário dos animais, o imaginário do sujeito apresenta uma falta originária, há uma falta de saber sobre a sexualidade e é o simbólico, o Outro, que virá para tentar preencher essa falta que é constituinte de sua própria estrutura. Com o conceito de RSI, podemos perceber "a impossibilidade de se falar, a partir da perspectiva psicanalítica, de *ser* humano". Lacan vai utilizar a palavra-valise *parlêtre* (fala-ser), neologismo que associa o *ser* e a *fala* justamente para indicar que o que é próprio do humano é a fala.

O sujeito, portanto, não nasce pronto como os animais. O sujeito assujeitado à fala, o sujeito do inconsciente, nasce no campo do Outro. Se ele não nasce pronto, deve ser construído, e sua constituição acontece na relação com a fala que passa pela linguagem. E essa fala não significa aprender a articular palavras e formar frases para comunicar-se com os demais, mas significa ir além da necessidade e ter acesso ao desejo. Portanto, se o sujeito é efeito de linguagem, representado de um significante para outro, é necessário submeter-se ao significante para que possa falar.

A formulação lacaniana do sujeito do significante implica pensar o sujeito pela sua relação com a fala e com o Outro. A linguagem é soberana e preexiste ao sujeito. Se, logo após o nascimento, o bebê grita, este grito é descarga e é a resposta do Outro que transforma o grito em apelo, em demanda. A partir daí, a criança entra no mundo da linguagem, entra no campo da fala, mesmo que ela ainda não fale, e até mesmo que seja surda.

Por volta dos dois meses, o bebê começa a fazer sons mais aperfeiçoados que o grito, do tipo vocalizações e jogos vocais, como as lalações, alucinando a voz da mãe quando ela se ausenta. Esses sons são puro jogo de gozo que a criança pode produzir também em resposta à demanda da mãe. Logo, a voz e a língua são instrumentos de gozo. A linguagem de gozo intervém sob a forma de *lalíngua*, primeira marca do ser falante. Se a língua é condição do inconsciente, *lalíngua* é a língua particular e única para cada ser falante. Ela sobrevém para o ser por meio de cortes, escansões, pontuações, que instauram para sempre o equívoco. *Lalíngua* é a língua do inconsciente de cada um, ela estrutura o *falasser*, e constitui o substrato no qual o sujeito estrutura as suas experiências.

Portanto o que é enfatizado por Lacan na constituição do sujeito é a linguagem em que a demanda se articula. É o simbólico que recorta no corpo as zonas erógenas.

Na oposição freudiana entre necessidade e desejo, Lacan introduz um terceiro elemento, que é a demanda. A passagem do biológico (real) para o simbólico é realizada pela intervenção do Outro, introduzindo a demanda na criança que é demanda de amor. A necessidade é satisfeita pelo alimento e o desejo é produzido pela hiância que se abre entre a necessidade e a demanda. Daí a eterna questão do sujeito dirigida ao Outro: que queres? A criança tenta se localizar como sujeito dirigindo uma pergunta: "o que deseja minha mãe"?, "o que o Outro quer de mim?". O *che vuoi?* é fundamental para pensarmos a posição do sujeito frente ao desejo.

O *infans* vem ocupar um lugar que já está marcado pelo desejo do Outro, lugar daquilo que completa a mãe em seu desejo narcísico. Portanto, o bebê aliena-se na imagem de um Outro, sua demanda torna-se a de "ser desejado pelo Outro" ou "ter o desejo do Outro como seu desejo". Isto instaura uma relação dual, imaginária, na qual a criança sofre uma dependência total na sua demanda pelo amor da mãe. A criança está fascinada, capturada por este olhar: com a mãe se identifica e por ela se aliena. A entrada do pai vai destituir este lugar imaginário onde a criança é o falo da mãe, permitindo ao *infans* sair desse lugar mortífero, de ser o desejo do desejo da mãe, para se constituir como sujeito desejante.

Vimos que, por volta dos anos 1950 e 1960, a partir das contribuições de Melanie Klein, Winnicott e outros, imperou no meio psicanalítico pós-freudiano uma inflação das teorizações a respeito da função materna, considerada por grande parte dos psicanalistas responsável pelas dificuldades e sucessos com os quais os sujeitos esbarravam em suas vidas. A doença mental tinha origem nas perturbações relativas aos cuidados que a mãe dispensava à criança. Posteriormente, a grande preocupação passou a ser restaurar a "autoridade paterna" considerada enfraquecida no seio da família.

A partir de Lacan, entendemos que a tese da relação diádica, simbiótica entre a mãe e a criança não se sustenta. Entre a mãe e a criança há que se introduzir um terceiro elemento, que é o *falo*. O Outro está lá antes do sujeito e é a própria mãe que o sustenta.

Da mesma forma, foi Lacan que recuperou a importância da *função do pai* para a psicanálise. Partindo da universalidade do incesto, propôs pensar "uma oposição entre a função simbólica do pai, representante da cultura e da lei, e a posição imaginária da mãe, dependente da ordem da natureza e condenada a fusionar-se com o filho, objeto fálico faltante". Nesse sentido, o pai irá exercer uma função essencialmente simbólica: ele nomeia, dá seu nome, e, por esse ato, encarna a Lei. Portanto, se a sociedade humana, como sublinha Lacan, é dominada pelo primado da linguagem, isso quer dizer que a função paterna é o exercício de uma nomeação que permite à criança adquirir sua identidade.

Segundo Lacan, a função fundamental do Édipo aparece como coextensiva à função paterna. Cabe assinalar que a função deve ser entendida como algo radicalmente distinto da presença paterna. Lacan faz uma distinção entre o papel social do pai, que estava em declínio — já apontado por ele desde 1938 em *Os complexos familiares na formação do indivíduo* —, e a função lógica do pai para a psicanálise. Ele faz uma crítica ao uso da expressão "carência paterna" sugerindo que não importa se o pai está ou não presente na família, ou ainda se é ou não um bom pai. A ausência do pai na família não implica a sua ausência no complexo de Édipo. O pai é uma entidade simbólica que ordena uma função, possibilitando ao sujeito assumir sua posição sexual.

Lacan vem assinalar que o determinante é o *Nome-do-Pai*, ou seja, não a pessoa do pai, mas a importância que a mãe dá à sua palavra ou ainda à sua autoridade. A questão que se coloca aqui não diz respeito a um personagem, mas a um significante.

É portanto pelos efeitos da presença no inconsciente do significante Nome-do-Pai, que ele intervém no complexo de Édipo, ou seja, introduz para a criança a norma fálica. A estrutura familiar de que fala a psicanálise é a estrutura mítica edípica, aquela que organiza a relação entre a mãe, a criança e a função paterna.

Essa foi uma das grandes contribuições de Lacan para a compreensão da constituição do sujeito e na prática clínica com crianças. Ao fazer uma releitura do complexo de Édipo em Freud, Lacan opera uma mudança na concepção ambientalista da função dos pais junto à criança, para uma concepção mais estrutural da família. Na perspectiva estrutural, Lacan procura isolar a falta que concerne à estrutura da linguagem, à qual se submetem tanto o pai quanto a mãe e o filho, sendo os pais encarregados de transmiti-la.

Lacan não trabalhou diretamente com crianças, no entanto acompanhou com interesse os trabalhos que estavam sendo realizados pelas primeiras psicanalistas que se dedicaram à clínica com crianças, tais como Françoise Dolto, Maud Mannoni e Jenny Aubry, todas seguindo os seus ensinamentos. Prova disso é a famosa mensagem que escreveu a

Jenny Aubry, em 1969, com observações sobre a criança, e que foi publicada sob o título "Nota sobre a criança". A partir dessa pequena nota, condensada de significações, podemos compreender os diferentes lugares que a criança poderá ocupar na estrutura familiar, ou seja, os diferentes lugares que ela ocupa no desejo do Outro, com as possíveis respostas que poderá dar a esse desejo. Segundo Lacan, isso terá consequências na sua estruturação como sujeito.

Lacan aborda a criança sob o ângulo da verdade, estabelecendo uma diferença entre a sua identificação ao sintoma e ao objeto.

Segundo Lacan,

> o sintoma da criança acha-se em condição de responder ao que existe de sintomático na estrutura familiar. O sintoma — esse é o dado fundamental da experiência analítica — define-se, nesse contexto, como representante da verdade. O sintoma pode representar a verdade do casal familiar. Esse é o caso mais complexo, mas também o mais acessível a nossas intervenções. A articulação se reduz muito quando o sintoma que vem a prevalecer decorre da subjetividade da mãe. Aqui, é diretamente como correlata de uma fantasia que a criança é implicada.

Lacan aborda o sintoma como sendo uma *resposta* da criança. Resposta "ao que existe de sintomático na estrutura familiar", ou seja, o que existe de sintomático na criança deve ser remetido a dois casos: ou como representante da verdade do casal parental, ou dizendo respeito à subjetividade da mãe e barrando sua verdade.

O primeiro caso, que é considerado por Lacan como o mais complexo, ocorre quando a metáfora paterna operou. Esse é o campo da neurose. Já em relação ao segundo caso, Lacan fornece uma outra fórmula, em que a criança aparece como correlata de uma fantasia. Segundo ele,

> a distância entre a identificação com o ideal do eu e o papel assumido pelo desejo da mãe, quando não tem mediação (aquela que é normalmente assegurada pela função do pai), deixa a criança exposta a todas as capturas fantasísticas. Ela torna-se o "objeto" da mãe e não mais tem outra função senão a de revelar a verdade desse objeto.

Portanto, há aí uma espécie de antinomia, pois, se para a criança é condição de sua sobrevivência ser o objeto de fantasia da mãe, isso não é condição para sua constituição enquanto sujeito desejante. Logo, quando o Nome-do-Pai não opera para dialetizar o desejo da mãe, a criança fica presa a uma solução parcial, anterior à resolução edípica e impossibilitada de realizar qualquer movimento em direção à sua constituição subjetiva. Nesse caso, trata-se da criança como *sintoma da mãe*, representando o objeto do seu gozo, que é o lugar ocupado pela criança no autismo, na debilidade e na psicose.

Lacan exemplifica a função estruturante do *sintoma da criança* com o caso Hans, cuja fobia de cavalo pode ser considerada como o equivalente de um Nome-do-Pai. A fobia que Hans desenvolve é uma tentativa de, por um lado, falar da angústia desse lugar de objeto que ocupa em relação à mãe, transformando a angústia em medo, ou seja, *nomean-*

do este objeto que causa medo; e, por outro lado, instaurar um objeto — o cavalo, no caso — para que venha reforçar a interdição paterna, "afastando a criança da ameaça desta captura que a aniquilaria como sujeito".

De acordo com essas considerações, podemos afirmar que cabe à criança encontrar uma saída para seu desejo, ou seja, interpretar o desejo da mãe para ir ao encontro da mulher que existe mais além da mãe. Em outras palavras, interpretar o desejo da mãe significa colocar uma questão sobre algo da ordem da mulher na mãe. É o que Jacques-Alain Miller irá abordar no artigo "A criança entre a mãe e a mulher", quando afirma que a função paterna preserva a criança de ser tudo para a mãe, na medida em que ela divide a mãe e a mulher. Miller afirma que o objeto criança não pode ser tudo para a mãe e que o desejo da mãe também deve se dirigir para um homem.

Sabe-se que nem sempre a função paterna funciona e, nesse caso, o filho não tem como fazer a divisão entre a mãe e a mulher, acabando, às vezes, por sucumbir ao gozo da *mãe-toda*.

Mas dependerá da relação da mãe com o pai a garantia de que o objeto criança "divida, no sujeito feminino, a mãe e a mulher".

Françoise Dolto

Colaboradora e amiga de Lacan durante muito tempo, Françoise Dolto tornou-se, na França, uma psicanalista inovadora em matéria de psicanálise infantil. Reconhecida, porém controvertida, sua abordagem psicanalítica centrou-se na escuta do inconsciente e nos traumas genealógicos.

Sua proposta era inserir a criança na estrutura desejante da família, pois a criança, ao nascer, já está inserida na estrutura do desejo, do desejo do Outro. Para ela, a criança é fruto de três desejos: o do pai, o da mãe e o do próprio sujeito. A partir desta posição teórica, ela redefine o sintoma da criança como sendo também o sintoma da estrutura familiar.

Embora atribua ao feto vida e desejo próprios, Dolto afirma que é a relação com o outro que o humaniza. Desde os primeiros dias, o bebê está ligado à mãe pelo olfato e pela voz. É na relação com a fala da mãe que o sujeito sedimenta seu desejo de sobrevivência e é pelo outro que ele se reconhece e dá sentido ao que é experimentado e percebido. A fala materna traduz a realidade para a criança nomeando suas sensações e organizando seu mundo.

Portanto, é pelos sentidos do olfato, da visão, da audição e do tato que o lactente organiza suas trocas significantes com o outro cuidador. Este tem a função de erogeneizar o corpo do bebê, e neste sentido, para Dolto, o corpo é desde sempre uma construção simbólica. Sem a fala do outro, as percepções da criança cruzam-se apenas com seu próprio corpo. Dolto afirma que é tão precoce esse desejo de ouvir a voz da mãe que rapidamente a criança torna-se incapaz de pronunciar os fonemas que não pertencem à sua língua materna, quando de início tinha aptidão para pronunciar os fonemas de todas as línguas.

Uma noção central em sua obra é a de *imagem inconsciente do corpo* — lugar inconsciente de emissão e recepção das emoções. Não a desenvolveremos aqui, no entanto cabe ressaltar que essa noção atendeu à sua preocupação de apreender as primeiras representações psíquicas do *infans* e pensar nas etapas pré-especulares, pois para Dolto o *infans* desde o início é dotado de uma atividade representativa. Essa função apoia-se nas trocas que ocorrem no seu corpo, sendo anterior ao *estádio do espelho* de Lacan. As palavras e os afetos, associados à vivência corporal e relacional, deixam impressões somatopsíquicas a partir das quais se constituem os primeiros referenciais, as primeiras *imagens inconscientes do corpo.* É o local de representação das experiências relacionais, é o lugar da comunicação precoce.

Segundo Dolto, a fala é o organizador que permite o cruzamento do esquema corporal (pré-consciente e consciente) com a imagem do corpo (inconsciente). É com o advento da imagem escópica — do reconhecimento pelo *infans* de sua imagem no espelho — que ocorre o recalcamento da *imagem inconsciente do corpo* em prol da corporeidade visível.

Outra noção bastante conhecida em sua teorização é a de *falar a verdade* à criança. Ela enfatizava a necessidade de contar à criança toda a verdade sobre a sua história, mesmo que fosse doloroso para ela ou para os adultos e que isto deveria ser feito em uma linguagem acessível à sua compreensão. Segundo ela, a mentira está em desequilíbrio com o pressentido e o inconsciente do sujeito. A criança precisa conhecer a verdade de suas origens e, muitas vezes, o seu sintoma aponta esse não dito.

Dolto também enfatizou a vinculação existente entre a neurose dos pais e a dos filhos, que são portadores de dívidas transgeracionais não saldadas — o sofrimento não verbalizado de duas linhagens pode aparecer na terceira geração sob a forma de um sintoma. Dolto afirma que, na estruturação do sujeito, há três gerações em jogo e, nas entrevistas preliminares, é importante analisar as relações dinâmicas inconscientes entre os pais e a criança, remontando às estruturações edípicas dos pais e dos avós.

A respeito da prática clínica com crianças, Dolto dava grande atenção ao ambiente familiar. Por isso, as entrevistas preliminares revestiam-se de grande importância, cuja função essencial era detectar de onde vem a demanda, quem efetivamente está sofrendo, estudar a dinâmica familiar e o lugar da criança no narcisismo dos pais.

Dolto afirma que uma das diferenças entre a psicanálise de adultos e a de crianças muito pequenas reside no fato de que essas crianças ainda não atingiram o Édipo, nem sequer atravessaram os componentes pulsionais orais e anais que o precederam. O trabalho consiste, nesse caso, em compreender como está a relação mãe-filho e pai-filho, e o que ocorre com a desenvoltura motora, a linguagem verbal, a identidade sexuada da criança, sua autonomia e seu desejo.

Além disso, dava muita importância ao fato de a criança aceitar seu sofrimento e pedir ajuda. As entrevistas com os pais para relatarem suas histórias são fundamentais para a compreensão do discurso familiar e do lugar que a criança ocupa nele. Ela vê primeiramente os pais — o pai e a mãe, separadamente, para analisar o Édipo de cada um — e em seguida os pais com o filho. Porém ela não separava a criança com menos de cinco anos de seus pais, preferindo, nestes casos, fazer um trabalho com eles em vez de começar o tratamento com a criança.

Para Dolto, o trabalho do psicanalista é, sobretudo, o de verbalizar para o paciente a verdade de seus desejos inconscientes. Ele deve procurar o que não pôde se exprimir nas manifestações transferenciais — o que a criança revive com a emoção do passado, e que ela considera como testemunhos da imagem inconsciente do corpo — para depois explicitá-lo para a criança. Portanto, diferentemente do que ocorre na análise com adultos, o psicanalista deve observar a criança, colocar em palavras suas angústias, o que ela faz e o que sente.

Diferentemente de Melanie Klein, que popularizou a técnica psicanalítica do brincar, Françoise Dolto utilizou principalmente a fala, o desenho e a modelagem. Fazia com que o dito da criança fosse representado. Dolto não interpretava realmente os desenhos, mas tentava fazê-los ganhar vida, sem orientar nem reagir. Pedia à criança que falasse deles e lhe fazia perguntas: "Onde você estaria, se estivesse no desenho?" Tratava-se, então, para ela, de fazer a criança falar na análise, dando mais prioridade ao trabalho associativo. A criança podia dizer tudo, mas não fazer tudo: "Você vai dizer em palavras, nos desenhos ou na modelagem tudo o que pensar ou sentir enquanto estiver aqui, mesmo as coisas que, com outras pessoas, você sabe ou acha que não convém dizer." Durante essa conversação o analista deveria escutar, olhar, observar sem deixar escapar as expressões, lapsos e erros.

Dolto enfatiza a receptividade e a capacidade de escuta do analista. Ele deve ficar atento, antes de tudo, à história da criança na genealogia, ao censurado e aos não ditos. Em termos gerais, ela evocou a ligação simbólica entre a criança, a mãe, o pai e as palavras articuladas com uma história sempre singular. Neste sentido, ela dá mais importância à atividade construtiva do que à interpretativa. O tratamento deve permitir ao sujeito reconhecer o seu desejo.

Segundo Dolto, não existe idade mínima para iniciar uma análise. Ela atendia crianças muito pequenas e até mesmo bebês. Nesses casos, escutava a mãe contar a história do bebê na sua presença e dirigia-lhe a palavra reconhecendo-o como sujeito, como um ser em devir. A cada fala significante da mãe ela se dirigia ao bebê, religando seus sintomas à linguagem da mãe.

Outro ponto importante na análise com crianças refere-se ao pagamento das sessões. Dolto introduziu o pagamento simbólico (pedrinhas, selos, pedaços de papel colorido) para demarcar o registro do tratamento, colocando a criança numa posição de sujeito desejante e, portanto, responsável por suas dificuldades.

Não podemos deixar de reconhecer o valor do trabalho psicanalítico com crianças realizado por Françoise Dolto. Tal como Lacan, coube a ela resgatar a palavra da criança no discurso analítico, a verdade do sujeito em sua dimensão desejante. Ela não circunscrevia sua prática clínica ao consultório, pois defendia a tese de que o analista deveria ter uma atuação mais ampla, deveria comunicar-se com o maior número possível de pessoas levando-lhes "suas verdades" a respeito do sofrimento do sujeito. Para isso, colocou-se diante do público dando palestras nos hospitais e nas escolas e, nos últimos 15 anos de sua vida, dirigiu um programa de rádio e televisão, no qual respondia às questões endereçadas pelos pais e pelas crianças. Dedicou-se a inúmeras atividades de prevenção, como a criação da Casa Verde, local onde atendia crianças de tenra idade.

Essa postura fez com que muitos psicanalistas a criticassem por assumir uma função de conselheira, ou seja, uma função muito mais pedagógica do que psicanalítica. Afirmavam, também, que ela não era lacaniana, ao que ela retrucou afirmando que "Lacan não se dizia lacaniano, ele era Lacan". Essa resposta de Dolto soa bastante familiar, pois, em 1980, em Caracas, discorrendo sobre o seu ensino e a psicanálise na América Latina, Lacan afirmou: "Cabe a vocês serem lacanianos, se quiserem. Quanto a mim, sou freudiano."

QUADRO COMPARATIVO

ANNA FREUD	MELANIE KLEIN	WINNICOTT	FRANÇOISE DOLTO
A criança não tem consciência da doença.	A criança tem uma fantasia inconsciente da doença.	A criança sabe "inconscientemente" o motivo de seu conflito.	O sintoma da criança é sintoma da estrutura familiar.
Pré-tratamento, etapa que tem caráter pedagógico.	Faz uma anamnese com os pais e inicia a análise com a criança.	Entrevista "única" sem preocupação com a demanda de análise, para descobrir o conflito que ocasionou a busca de um analista.	Entrevistas preliminares com os pais.
Trabalha com a criança sempre em transferência positiva.	Interpreta a transferência positiva e negativa desde o início.	Busca estabelecer uma comunicação com a criança, um encontro "espontâneo".	Toda interpretação é uma pergunta; nunca se afirma nada.
O complexo de Édipo dá-se com cinco anos.	Édipo precoce – com um ano e meio de idade.	Abandono do complexo de Édipo clássico. Faz uma redefinição do materno e do feminino.	O complexo de Édipo dá-se com cinco anos.
Não analisa a criança antes do final do complexo de Édipo.	O complexo de Édipo deve ser trabalhado.	Não recomenda a análise para todas as crianças que apresentam sintomas pois isto pode desresponsabilizar os pais.	O complexo de Édipo tem que se produzir com os pais e não com o analista. O analista pode ajudar a criança a atravessar o complexo de Édipo. Trabalha-se com os pais.

O supereu está em fase de constituição – ênfase no eu.	O supereu primitivo é extremamente cruel e precisa ser interpretado para aliviar a angústia.		O supereu é herdeiro do complexo de Édipo.
Aliança do analista com o eu do analisando.	O processo psicanalítico se baseia nas forças psíquicas inconscientes.	A transferência é uma réplica do laço materno. Mantinha relações de amizade com seus analisandos.	O processo psicanalítico baseia-se no inconsciente.
Analista tem ação pedagógica.	Não é possível combinar trabalho analítico com trabalho educativo.	Valorizava o encontro da criança com o analista. Para ser considerado análise, o atendimento deveria se dar cinco vezes por semana.	Não é possível combinar trabalho analítico com educação. Inclui a posição parental em relação ao sintoma no tratamento.
Não é possível estabelecer uma neurose de transferência.	É possível estabelecer uma neurose de transferência	Enfatiza o lugar "materno" do analista na transferência.	
Técnica utilizada: desenho.	Técnica utilizada: brinquedo.	Técnica utilizada: desenho, perguntas e sugestões de modo a despertar o interesse da criança, levando-a a falar de situações e coisas que não falaria com outra pessoa.	Técnica utilizada: desenho, fala, modelagem.

Referências e fontes

• Sobre a evolução histórica do conceito de infância foram consultados:

Ariès, Philippe. *História social da criança e da família*. Rio de Janeiro, LTC, 1981. Livro do qual extraímos as citações das páginas 7, 9, 12.

Badinter, Elisabeth. *Um amor conquistado: o mito do amor materno*. Rio de Janeiro, Nova Fronteira, 1985.

• Sobre os primórdios da psicanálise com crianças, consultamos principalmente os seguintes livros:

Freud, Sigmund. *Três ensaios sobre a teoria da sexualidade*. Buenos Aires, Amorrortu, 1996.

______. "Análise de uma fobia em um menino de cinco anos" (o caso do Pequeno Hans), in *Obras completas*, vol.X. Buenos Aires, Amorrortu, 1996. Deste volume extraímos a citação da página 26.

Roudinesco, Elisabeth e Michel Plon. *Dicionário de psicanálise*. Rio de Janeiro, Zahar, 1998. Deste dicionário extraímos as citações das páginas 49 e 60.

Roudinesco, Elisabeth. *História da psicanálise na França*. Rio de Janeiro, Zahar, 1988.

• Sobre a teoria e a técnica de Anna Freud e Melanie Klein, cujas divergências teóricas acabaram desembocando no movimento que ocorreu na Sociedade Britânica de Psicanálise que se denominou *As grandes controvérsias*, foram consultados:

Fendrik, Silvia. *Psicoanalistas de ninõs: La verdadera historia*, vol.1. Buenos Aires, Letra Viva, 2004. Trata-se de uma coleção de cinco volumes que condensa a biografia, as referências teóricas e as lutas de poder e de prestígio dos primeiros psicanalistas que se dedicaram à clínica com crianças.

Freud, Anna. *Infância normal e patológica*. Rio de Janeiro, Zahar Editores, 1971.

Freud, Anna. *O tratamento psicanalítico de crianças*, que são as conferências sobre psicanálise com crianças, proferidas no Instituto de Psicanálise de Viena, em 1927, e que foram amplamente criticadas por Melanie Klein em seu livro *Contribuições à psicanálise*.

Grosskurth, Phyllis. *O mundo e a obra de Melanie Klein*. Rio de Janeiro, Imago, 1992.

King, Pearl e Riccard Steiner (orgs). *As controvérsias Freud-Klein, 1941-45*. Rio de Janeiro, Imago, 1998. Este livro reúne uma coleção de atas, relatos e outros documentos tirados principalmente dos registros e Arquivos da SBP que tratam das discussões e que foram registradas, na ocasião, por um estenógrafo. Extraímos deste livro as citações das páginas 42-3.

Nasio, J.D. *Introdução às obras de Freud, Ferenczi, Groddeck, Klein, Winnicott, Dolto, Lacan*. Rio de Janeiro, Zahar,

1995. Obra à qual nos referimos na página 32, quando destacamos as cartas que Freud escreveu em defesa de sua filha Anna Freud.

Sayers, Janet. *Mães da psicanálise.* Rio de Janeiro, Zahar, 1992. Livro que narra a biografia e o percurso teórico de quatro mulheres que foram figuras de destaque nos primórdios da psicanálise: Helene Deutsch, Karen Horney, Anna Freud e Melanie Klein. A autora enfatiza como cada uma dessas analistas recorreu às suas experiências com a "maternalização" e suas vicissitudes, no desenvolvimento de uma psicanálise materno-centrada.

Young-Bruehl, Elisabeth. *Anna Freud uma biografia.* Rio de Janeiro, Imago, 1992.

• Sobre os principais conceitos da teoria kleiniana, além das obras já mencionadas acima, consultamos os seguintes livros da própria autora:

Klein, Melanie. *Contribuições à psicanálise.* São Paulo, Mestre Jou, 1981. Obra da qual extraímos as citações das páginas 40-1.

______. *Psicanálise de crianças.* São Paulo, Mestre Jou, 1981.

Klein, Melanie et alli. *Progressos da psicanálise.* Rio de Janeiro, Guanabara, 1986. Este livro foi publicado em 1952 e contém os quatro artigos que constituíram a base das discussões científicas na SBP, por ocasião das *grandes controvérsias.* São trabalhos que visavam esclarecer a posição de Melanie Klein e do seu grupo em relação à metapsicologia freudiana.

Segal, Hanna. *Introdução à obra de Melanie Klein*. Rio de Janeiro, Imago, 1975.

• Referente à teorização de Winnicott sobre a constituição do sujeito e o conceito de objeto transicional, foram consultados:

Fendrik, Silvia. *Psicoanalistas de ninõs: La verdadera historia*, vol.2. Buenos Aires, Letra Viva, 2004. Livro do qual extraímos a citação da página 46.

Klautau, Perla. *Encontros e desencontros entre Winnicott e Lacan*. São Paulo, Escuta, 2002.

Roudinesco, Elisabeth. *A família em desordem*. Rio de Janeiro, Zahar, 2003. Livro do qual extraímos a citação da página 49.

Winnicott, D.W. *Da pediatria à psicanálise*. Rio de Janeiro, Imago, 2000. Livro do qual extraímos as citações das páginas 51-3.

• Da produção de Jacques Lacan usei, destacadamente, os seguintes livros:

Lacan, Jacques. *Escritos*. Rio de Janeiro, Zahar, 1998. Livro do qual extraímos as citações das páginas 58, 60, 67-8.

______. *O Seminário*, livro 1, *Os escritos técnicos de Freud*. Rio de Janeiro, Zahar, 1986.

______. *O Seminário*, livro 2, *O eu na teoria de Freud e na técnica da psicanálise*. Rio de Janeiro, Zahar, 1985.

______. *O Seminário*, livro 4, *A relação de objeto*. Rio de Janeiro, Zahar, 1995.

______. *O Seminário*, livro 5, *As formações do inconsciente*. Rio de Janeiro, Zahar, 1999.

______. *Os complexos familiares*. Rio de Janeiro, Zahar, 1984.

______. *Outros escritos*. Rio de Janeiro, Zahar, 2003. Livro no qual Lacan aborda sua concepção sobre o sintoma da criança e que citamos nas páginas 67-8.

• Com referência à obra de Françoise Dolto, consultamos:

Dolto, Françoise. *A imagem inconsciente do corpo*. São Paulo, Perspectiva, 1992.

______. *Psicanálise e pediatria*. Rio de Janeiro, Zahar, 1977.

Dolto, Françoise e Juan David Nasio. *A criança e o espelho*. Porto Alegre, Artes médicas, 1991.

Ledoux, Michel H. *Introdução à obra de Françoise Dolto*. Rio de Janeiro, Zahar, 1991.

Nasio, J.D. *Introdução às obras de Freud, Ferenczi, Groddeck, Klein, Winnicott, Dolto, Lacan*. Rio de Janeiro, Zahar, do qual extraímos a citação da página 73.

• Outras referências utilizadas foram:

Jorge, Marco Antonio Coutinho. *Fundamentos da psicanálise de Freud a Lacan, vol.1: as bases conceituais*. Rio de Janeiro, Zahar, 2000. Livro do qual extraímos as citações das páginas 35 e 62.

Miller, Jacques-Alain. "A criança entre a mãe e a mulher", *Revista Opção Lacaniana*. São Paulo, n.21, abr 1998, do qual extraímos a citação da página 69.

Ribeiro, Maria Anita Carneiro. "Lacan e a família", *Verbo de Minas: revista da cultura*, Centro de Ensino Superior de Juiz de Fora, vol.1, n.3, jul-dez 2001, da qual extraímos a citação da página 69. Da mesma autora recomendamos também a revista da qual ela é editora: *Marraio*, Rio de Janeiro, Rios Ambiciosos, FCCL.

Roudinesco, Elisabeth. *Jacques Lacan — Esboço de uma vida, história de um sistema de pensamento*. São Paulo, Companhia das Letras, 1994, do qual retiramos a citação da página 65.

Leituras recomendadas

Além dos livros citados em *Referências e fontes*, amplamente consultados, recomendamos ainda as obras listadas abaixo.

Pode-se ler mais sobre os capítulos trabalhados neste livro na dissertação de mestrado da autora, defendida em novembro de 2004, na Universidade do Estado do Rio de Janeiro (Uerj), com o título *A ética na psicanálise com crianças*.

Sugerimos, ainda, da autora, a leitura da *Pesquisa sobre as referências de Jacques Lacan às teorias e às técnicas de Anna Freud, Melanie Klein e Donald Woods Winnicott*. Essa pesquisa teve o objetivo de rastrear, em todos os *Seminários* e nos *Escritos*, os pontos de vista de Lacan sobre os desenvolvimentos teóricos dos autores acima mencionados. No decorrer de todo o seu ensino, Lacan preocupou-se em apontar os desvios que a psicanálise vinha sofrendo (como foi o caso da abordagem de Anna Freud), ou resgatar a originalidade de certos conceitos da teoria de Melanie Klein e de Winnicott. Para exemplificar, citamos o conceito de *posição* em Melanie Klein e o de *objeto transicional* em Winnicott, que foi considerado por Lacan como precursor do objeto *a* ("Documentos". *Revista do Corpo Freudiano Escola de Psicanálise* — Seção Rio de Janeiro, ano X, n.22, jun 2004).

Longo, Leila. *Linguagem e psicanálise.* Rio de Janeiro, Zahar, 2006.

Ferreira, Nadia P. e Marco Antonio Coutinho Jorge. *Lacan, o grande freudiano,* Rio de Janeiro, Zahar, 2005.

Sobre o autor

Teresinha Costa é psicanalista, mestre em pesquisa e clínica em psicanálise pelo Programa de Pós-graduação em Psicanálise do Departamento de Psicologia Clínica do Instituto de Psicologia da Universidade do Estado do Rio de Janeiro (Uerj) e membro do Corpo Freudiano Escola de Psicanálise – Seção Rio de Janeiro. É coordenadora do Serviço de Psicologia Aplicada (SPA) das Faculdades Integradas Maria Thereza (Famath), em Niterói, onde também é professora, supervisora do estágio clínico e orientadora de pesquisa sobre a clínica psicanalítica com crianças dentro do Programa Institucional de Bolsas de Iniciação Científica (Pibic). É autora do livro *Édipo* (Rio de Janeiro, Zahar, 2010) e escreveu, dentre outros, os artigos: "Entre supervisão e controle: a psicanálise no SPA da universidade", com Marco Antonio Coutinho Jorge, in Sonia Altoé e Márcia Mello de Lima (orgs.), *Psicanálise, clínica e instituição* (Rio de Janeiro, Rios Ambiciosos, 2005); "A pirâmide das heresias: a ética na psicanálise com crianças", in Marco Antonio Coutinho Jorge (org.), *Lacan e a formação do psicanalista* (Rio de Janeiro, ContraCapa, 2006); "A criança e a ética psicanalítica", *Revista Marraio*, n.11 (Rio de Janeiro, Rios Ambiciosos/FCCL, 2006); e "O desejo do analista e a clínica psicanalítica com crianças", *Psica-*

nálise & Barroco em Revista, n.14 (www.psicanaliseebarroco.pro.br), dez 2009.

Psicanálise **PASSO-A-PASSO**

- **O adolescente e o outro**
  Sonia Alberti
- **Mito e psicanálise**
  Ana Vicentini de Azevedo
- **Sonhos**
  Ana Costa
- **Édipo**
- **Psicanálise com crianças**
  Teresinha Costa
- **Freud: criador da psicanálise**
- **Lacan, o grande freudiano**
  Marco Antonio Coutinho Jorge e Nadiá Paulo Ferreira
- **A sublimação**
  Orlando Cruxên
- **Freud e a religião**
  Sérgio Nazar David
- **O conceito de sujeito**
  Luciano Elia
- **A teoria do amor**
  Nadiá Paulo Ferreira
- **Histeria: o caso Dora**
  Nadiá Paulo Ferreira e Marcus Alexandre Motta
- **A interpretação**
  Laéria Fontenele
- **Freud e a cultura**
  Betty Fuks
- **Política e psicanálise**
  Ricardo Goldenberg
- **A psicose**
  Andréa M.C. Guerra
- **Angústia**
  Sonia Leite
- **Linguagem e psicanálise**
  Leila Longo
- **Para que serve a psicanálise**
- **A transferência**
  Denise Maurano
- **Depressão e melancolia**
  Urania Tourinho Peres
- **Feminino/masculino**
  Maria Cristina Poli
- **Os outros em Lacan**
  Antonio Quinet
- **A neurose obsessiva**
  Maria Anita Carneiro Ribeiro
- **Arte e psicanálise**
- **Cinema, imagem e psicanálise**
  Tania Rivera
- **Trauma**
  Ana Maria Rudge
- **A paixão**
  Marcus André Vieira
- **Educação e psicanálise**
  Rinaldo Voltolini

Psicanálise com crianças

